Spaß und Unterhaltu

Entertainment mit dem Sprachassistenten von ....
So retten Sie jede Party!

1.2 erweiterte Ausgabe

Von Wilfred Lindo

Impressum

Spaß und Unterhaltung mit Alexa

Entertainment mit dem Sprachassistenten von Amazon – So retten Sie jede Party!

von Wilfred Lindo

Der vorliegende Titel wurde mit großer Sorgfalt erstellt. Dennoch können Fehler nicht vollkommen ausgeschlossen werden. Der Autor und das Team von **www.streamingz.de** übernehmen daher keine juristische Verantwortung und keinerlei Haftung für Schäden, die aus der Benutzung dieses E-Books oder Teilen davon entstehen. Insbesondere sind der Autor und das Team von **www.streamingz.de** nicht verpflichtet, Folge- oder mittelbare Schäden zu ersetzen.

Alle Warennamen werden ohne Gewährleistung der freien Verwendbarkeit benutzt und sind möglicherweise eingetragene Warenzeichen. Der Verlag richtet sich im Wesentlichen nach den Schreibweisen der Hersteller.

Cover-Foto: © folienfeuer- Fotolia.com / Amazon

Buch-Produktion und -Distribution

Redaktionsbüro Lindo

NEU: Die Seite zu smarten Lösungen:
www.smartwatchz.de

Scan mich! Weitere Ratgeber, die ebenfalls für Sie
interessant sind!

ISBN: **9781719905855**

Imprint: Independently published

Updates für dieses Buch

Sicherlich werden in den nächsten Tagen und Wochen noch **weitere Sprachbefehle** im Bereich Unterhaltung unter Alexa erscheinen. Wir halten Sie natürlich auf dem Laufenden, so dass wir die Inhalte in regelmäßigen Abständen aktualisieren.

Auch wenn Amazon für diese Fälle eine spezielle automatische Aktualisierung bietet, kann es teilweise bis zu sechs Wochen dauern, bis ein einzelner Titel automatisch aktualisiert wird und somit die Leser die neuen Inhalte auch erhalten.

Dies beansprucht immer viel Zeit. Alternativ können Sie, sofern Ihnen bekannt ist, dass es ein Update zu diesem eBook gibt, den Support von Amazon per Mail anschreiben. Ihnen wird dann das Update dieses Buches manuell eingespielt. Dies geschieht meist innerhalb von24 Stunden.

eBook Update: Spaß und Unterhaltung mit Alexa

Daher tragen Sie sich einfach auf folgender Webseite (**ebookstars.de/ebook-update-amazon-echo-ratgeber**) ein, die wir für unsere Kunden und Leser eingerichtet haben.

Wir verständigen Sie per E-Mail zeitnah, wenn eine aktuelle Überarbeitung der Inhalte vorliegt. So müssen Sie nicht wochenlang auf ein automatisches Update seitens Amazon warten. Oder scannen Sie den notwendigen Link per QR-Code direkt ein. Scan mich!

Inhaltsverzeichnis

Idee dieses Buches

Nicht immer muss Alexa, der Sprachassistent aus dem Hause Amazon, die Alarmanlage scharf schalten, das Licht im Wohnzimmer einschalten oder mathematische Formel bis zur letzten Kommastelle vortragen. Alexa kann auch für Spaß und Unterhaltung sorgen. Der intelligente Assistent sorgt für Stimmung, präsentiert sich als **virtueller DJ**, lockert eine ins Stocken geratene Party auf oder leitet ein nettes Spiel ein. Moderne Technik kann durchaus den Menschen unterhalten. Wichtig ist: der Nutzer muss die entsprechenden **Sprachbefehle** beherrschen. Genau an dieser Stelle setzt dieses Buch an.

Alexa ist immer für einen gelungenen Spruch zu haben. Viele Menschen kennen die Fähigkeiten des leistungsstarken Sprachassistenten überhaupt noch nicht. Dabei können Sie jede Feierlichkeit mit dem Sprachassistenten auflockern. Wenn die Geburtstagsfeier oder eine andere Feierlichkeit neue Impuls braucht, dann lässt sich die Stimmung mit Alexa schnell wieder in Fahrt bringen. Hier sind die besten Sprachbefehle, mit denen Sie jeden Skeptiker zum Lachen bringen.

Dabei ist es äußerst erstaunlich, mit wie viel Humor und Tiefgründigkeit der intelligente Sprachassistent daherkommt. Immer wieder stolpert der Anwender über durchaus witzige Antworten. Es ist es wirklich bemerkenswert, wie die Macher dem virtuellen Sprachassistenten so viel Menschliches einhauchen konnten. Oft sind die Antworten und die Qualität des Gesprochenen wirklich erstaunlich.

Oft sind die Menschen einfach nur neugierig, was in der virtuellen Stimme steckt. Präsentieren Sie die Fähigkeiten von Alexa mit den passenden Kommandos. Oft genügen nur wenige Kommandos und die Zuhörer sind begeistert. Mit diesem Buch können Sie das Publikum begeistern. Zumal man oft nicht die passenden Sprachbefehle zur Hand hat. Dabei haben wir den Titel in die Bereiche **Spiel**, **Spaß** und **Unterhaltung** unterteilt.

Auch wenn das vorliegende Buch keinen tieferen Sinn verspürt, so macht es doch sehr viel Spaß, die Fähigkeiten und die damit verbundene Schlagfähigkeit des Sprachsystems zu ergründen. Sehen Sie somit keinen philosophischen Sinn in den folgenden Zeilen, vielmehr geht es um Spaß und Vergnügen. Zudem müssen Sie als Nutzer von Alexa nicht ewig im Netz surfen, um die wirklich besten **Sprachbefehle** zu entdecken. An dieser Stelle finden Sie über 600 nützliche Sprachbefehle.

Natürlich sind wir weiterhin auf der Suche nach lustigen und außergewöhnlichen Sprachbefehlen von Alexa. Sofern Sie weitere Kommandos entdecken, freuen wir uns über eine kurze Nachricht per Mail. Entsprechend wird dieses Buch in regelmäßigen Abständen aktualisiert, um immer auf dem neuesten Stand zu sein. Nutzen Sie dazu auch unseren **Update-Service.**

Viel Erfolg und Spaß wünscht Ihnen

Wilfred Lindo

Auf welchen Geräten ist Alexa verfügbar?

Amazon baut die Fähigkeiten seines Sprachassistenten Alexa weiter aus. Zudem wird auch die Echo-Hardware weiter ausgebaut. Auf dem deutschen Markt startete das Unternehmen zunächst mit den beiden Lautsprechern *Amazon Echo* und *Echo Dot*. Die Markteinführung fand bereits Anfang 2017 statt. Dabei werden die neuen Geräte zunächst auf dem amerikanischen Markt eingeführt, einige Monate später gelangen die Neuheiten auch auf weitere Märkte. So sind in der Zwischenzeit weltweit weitere Echo-Geräte verfügbar.

Abb.: Amazons Alexa-Familie – die Echo-Geräte (Quelle: Amazon)

Die nächste Generation: Amazon Echo und Echo Plus

Anfang 2017 ging Amazon mit **Amazon Echo und Alexa** in Deutschland an den Start. Nun folgt die zweite Generation der sprachgesteuerten Geräte. Amazon brachte zunächst den smarten Lautsprecher (**Amazon Echo**) mit einem neuen Design, einem verbesserten Sound und zu einem deutlich günstigeren Preis auf den Markt (2. Generation). Gleichzeitig erhält die verbesserte Echo-Familie auch eine Reihe von neuen Funktionen. Nun folgen auch verbesserte Versionen von **Echo Dot** und **Echo Plus** mit einem integrierten Smart Home Hub.

Oder Sie fragen Alexa selbst: „Alexa, *erzähl mir etwas über das neue Amazon Echo*!"

Zudem brachte Amazon Ende 2018 mehrere Ergänzungen zur Echo-Familie auf den Markt. Für Musikfans präsentiert das Unternehmen den neuen **Echo Sub**. Ein Subwoofer, der für Bass bei der Wiedergabe von Musik, Sprache und Geräuschen sorgt. Mit **Echo Connect** kommt eine Hardware auf den Markt, die ein Echo-Gerät in ein sprachgesteuertes Telefon verwandelt. Weitere Ergänzungen sind bereits angekündigt. Für 2019 ist die **Echo Wall Clock** von Amazon angekündigt. Eine smarte Wanduhr mit Alexa-Anbindung.

Natürlich bietet Amazon auch eine Lösung für die Anbindung an eine Musikanlage. Mit **Echo Link** und **Echo Link Amp** lassen sich bestehende HiFi-Anlagen über Alexa an Streaming-Dienste anbinden.

Amazon Echo Show 5 oder Spot – Rund oder kompakt

Das neueste Gerät in der Reihe der Echo-Familie ist Echo **Show 5**. Eine kompakte Smart-Home-Einheit mit einem 5-Zoll-Display und einer Auflösung von 960 x 480 Pixel. Mit dem kompakten Design, einem wirklich guten Klang und einer integrierten Kameraabdeckung, unterstützt das neue Gerät alle verfügbaren Alexa-Befehle.

Für Anwender, die es noch etwas kleiner mögen, aber auf ein Display nicht verzichten möchten, greifen zum Echo Spot. Ein kompaktes Echo-Gerät mit einem 2,5 Zoll-Bildschirm. Rund, kompakt und für jeden Raum im Haushalt geeignet: Platziert auf Schreib-, Nacht- oder Beistelltisch zeigt Echo Spot per Sprachbefehl Nachrichten, Wettervorhersagen oder Live-Feeds von Sicherheitskameras, tätigt Videoanrufe und bietet Zugriff auf Tausende Alexa Skills. In anderen Ländern ist das Gerät bereits ein Verkaufsschlager.

Wer mehr wissen will, fragt Alexa einfach selbst: „Alexa, *erzähl mir etwas über Echo Show 5*!" oder „*Alexa, was ist Echo Spot*?"

Amazon Echo Show – die verbesserte smarte Bildbox kommt

Aktuell ist **Echo Show der 2. Generation** am Start. Eine Kombination aus dem smarten Lautsprecher Amazon

Echo und einem Bildschirm. Die bisherigen Alexa-Funktionen bleiben weiterhin bestehen, es kommt nun noch das Anzeigen von Bildinhalten hinzu. So können Anwender nun auch Video Flash Briefings, Musiktexte, Bildübertragungen von Smart Home-Kameras, Fotos, Wettervorhersagen, To-do- sowie Einkaufslisten und vieles mehr am Bildschirm verfolgen. Freunde und Familienmitglieder, die ebenfalls **über ein Echo Show oder die Alexa App verfügen**, können über die Freisprecheinrichtung per Videotelefonat angerufen werden. Besitzer eines Amazon Echo, Echo Dot oder Echo Plus können Sprachanrufe tätigen oder Textnachrichten versenden. Deutlich verbesserte Lautsprecher sorgen für einen sehr guten Klang, gepaart mit ordentlichen Bässen.

Rufen Sie einige Infos ab: „Alexa, *was ist das Echo Show?*"

Alexa auf Fire TV und Fire TV Stick

Lange beschränkte sich die Nutzung von Alexa nur auf die Lautsprecher **Echo** und **Echo Dot**. Seit einiger Zeit können Anwender auch die **Streamingbox Fire TV** mit einer Sprachfernbedienung nutzen, um auf den Sprachassistenten von Amazon zuzugreifen. Dies gilt natürlich auch für den **Fire TV Stick** und den neuen **Fire TV Stick 4K** von Amazon. Hierzu kommt auch gleichzeitig eine deutlich verbesserte Sprachfernbedienung auf den Markt, die die Nutzung von Alexa deutlich erleichtert.

Alexa auf Fire Tablets

Neu ist auch die Nutzung von Alexa auf allen Fire Tablets. Dabei wird Alexa sowohl auf den neuen Tablets (z.B. das neue Flaggschiff der Fire Tablets, dem **Fire HD 10**) als auch auf den älteren Geräten verfügbar sein. Auch das **Fire HD 8** ist nun in einer verbesserten Version verfügbar. Gleichzeitig stellt Amazon das neue **Show-Modus-Ladedock** vor. Damit kann das Tablet aufgestellt und geladen werden. Zudem wird das Tablet so in ein mobiles Echo Show verwandelt.

Über ein kostenloses Update des Betriebssystems FireOS hält der Sprachassistent Alexa auch Einzug auf allen anderen Fire Tablets ab der 4. Generation von Amazon. Hält der Anwender zukünftig die digitale Startseite-Taste gedrückt, erscheint am unteren Display-Rand eine blaue Linie. Dann ist Alexa auf dem Fire Tablet aktiv und der Nutzer kann die gängigen Sprachbefehle nutzen. Zusätzlich lassen sich auch einzelne Apps auf dem Tablet starten.

Bei dem neuen **Fire HD 10** führt Amazon erstmals unter dem Begriff *Alexa Hands-free* die Möglichkeit ein, ohne ein Tastendruck den Sprachassistenten zu aktivieren. Ähnlich wie bei Amazon Echo oder Echo Dot kann Alexa einfach mit einem Aktivierungsbefehl (z.B. mit *Alexa*) aktiviert werden. Auf Wunsch kann die dauernde Bereitschaft auch in den Einstellungen des Gerätes ausgeschaltet werden.

Alexa via Amazon Music App auf Smartphones und Tablets

Natürlich ist Alexa auch in der **Amazon Music App** unter iOS und Android und auf der **Alexa-App** verfügbar. Somit ist Alexa auch Hardware-übergreifend auf Geräten von anderen Herstellern verfügbar. Somit erweitert Amazon die technische Basis für den Sprachassistenten um ein Vielfaches. Interessant bei der Erweiterung von Alexa ist die Tatsache, dass auf allen Geräten fast der vollständige Funktionsumfang des Sprachassistenten verfügbar ist.

So können über diesen Weg auch Apps gestartet, gewünschte Songs abgespielt oder ein Hörbuch vorgelesen werden. Somit steht der gesamte Funktionsumfang von Alexa nun auch auf mobilen Geräten zur Verfügung.

Amazon Alexa jetzt auch unter Windows 10 verfügbar

Ab sofort ist der Sprachassistent Alexa aus dem Hause Amazon auch unter **Windows 10** verfügbar. Dazu steht die Alexa for PC-App im Windows-Store kostenlos zum Downloaden bereit. Damit erhält der Nutzer Zugriff auf die vielen Funktionen und Fähigkeiten von Alexa, ohne dabei eine zusätzliche Hardware (z.B. Echo Lautsprecher) einzusetzen.

Die 10 besten Tipps: so funktioniert Alexa fehlerfrei

Alexa ist ein Sprachsystem, unabhängig ob Sie den Sprachassistenten via Amazon Echo, **Echo Dot**, Echo Show oder **Fire TV** nutzen. Hier kommt es darauf an, dass der virtuelle Assistent mit der sympathischen Stimme Sie auch versteht. Wie bei der Kommunikation zwischen zwei Menschen muss auch Alexa ihre Kommandos gut verstehen. Nur dann erhalten Sie die passende Antwort. Mit Hilfe der folgenden Tipps lassen sich die Ergebnisse per Sprachbefehl deutlich verbessern.

Sprechen Sie laut und deutlich

Auch wenn **Amazon Echo**, **Echo Dot** und **Echo Show** mit leistungsstarken Mikrofonen ausgestattet sind, kommt in manchen Fällen das Gesagte nicht korrekt an und Alexa quittiert ihr Sprachkommando mit einer Fehlermeldung oder mit einer unsinnigen Antwort. Dabei ist nicht immer Alexa das Problem. Daher ist das oberste Gebot in der Zusammenarbeit mit einem Sprachassistenten: Sprechen Sie laut und deutlich.

Hinweis: Sofern Sie leicht erkältet sind, können möglicherweise die Sprachbefehle nicht mit der gewünschten Qualität ankommen. Daher verlieren Sie nicht die Geduld. Werden Sie einfach wieder gesund.

Auch ein starker Dialekt kann übrigens für Verständnisprobleme sorgen.

Vermeiden Sie Hintergrundgeräusche

Natürlich verschlechtert sich die Kommunikation, wenn diese durch Nebengeräusche gestört wird. Sprechen beispielsweise mehrere Personen in einem Raum oder dringt aus dem geöffneten Fenster störender Straßenlärm an die Mikrofone, dann kann Alexa möglicherweise ihren Befehl nicht verstehen. Daher sollten Sie für Ruhe sorgen, dann funktioniert es auch mit Alexa.

Zu laute Musik stört die Kommunikation

Viele Nutzer benutzen besonders Amazon Echo gerne zum Hören der eigenen Lieblingssongs. Läuft gerade ein Song in entsprechender Lautstärke, dann wird es vielfach schwierig, sich Gehör bei Alexa zu verschaffen. Hier hilft nur schreien oder sie betätigen den Knopf am Gerät, damit Alexa in Bereitschaft geht. Alternativ können Sie natürlich auch die Lautstärke herunterregeln. Dafür müssen Sie allerdings auch einen Sprachbefehl bei Alexa absetzen.

Wiederholen Sie einfach die Frage

Sollte Alexa einen Befehl einmal nicht korrekt verstehen, so wiederholen Sie Ihre Frage erneut. Schon eine kleine Änderung in der Aussprache kann zu einem Missverständnis führen. Möglicherweise ist auch ihre Frage einfach zu kompliziert, damit Alexa diese verstehen kann. Formulieren Sie ihre Frage um oder vereinfachen Sie den Aufbau der Frage. Auch bei Alexa gilt: Weniger ist mehr.

Überprüfen Sie die Eingabe

Es gibt einen einfachen Weg festzustellen, was Alexa bei ihrer letzten Frage überhaupt verstanden hat. Sie können jeden Sprachbefehl und die daraus resultierende Alexa-Antwort über die Alexa-App überprüfen. Unter *Einstellungen / Verlauf* finden Sie alle getätigten Sprachbefehle und deren Umsetzung seitens Alexa. Zudem können Sie auf jede einzelne Eingabe klicken, um diese zu bewerten oder sogar zu löschen. Anhand des Feedbacks kann der Anwender die Sprachqualität weiter steigern. Umgekehrt verhindern Sie durch das Löschen von fehlerhaften Kommandos, dass diese weiterhin in der Cloud von Amazon vorgehalten werden.

Die Platzierung des Echo-Gerätes

Natürlich hat auch die Platzierung des Echo-Gerätes einen maßgeblichen Einfluss auf die Qualität, die Alexa abliefert. Versuchen Sie das Gerät zentral in einem Raum aufzustellen, idealerweise bietet sich ein Tisch oder eine Kommode an. So kann das Gerät mühelos alle Sprachkommandos im Raum erfassen. Zudem sollte Echo nicht von einem Gegenstand verdeckt werden. Auch sollte sich kein größerer Gegenstand unmittelbar in der Nähe des Lautsprechers befinden. Dies kann ebenfalls zu einem fehlerhaften Erkennen von Kommandos führen. Auch auf dem Boden hat das Echo-Gerät nichts zu suchen. Platzieren Sie das Alexa-Gerät möglichst in der Höhe von 90 bis 100 Zentimeter im Raum.

Die passende Halterung für das Echo-Gerät

Wer absolut keinen geeigneten Ort zur optimalen Aufstellung von einem Echo-Gerät findet, sollte sich im Handel umschauen. Hier wird mittlerweile eine Fülle an Zubehör für die Echo-Familie angeboten. So gibt es spezielle Halterungen, damit besonders das große Amazon Echo-Gerät einen guten Stand bekommt. Für Echo Dot gibt es unterschiedliche Wandhalterungen. So kann das Gerät einfach an der Wand oder an einem anderen geeigneten Ort befestigt werden. Dadurch stört Echo Dot nicht auf einem Tisch oder an einer anderen

Stelle. Zudem erhält das runde Gerät einen optimalen Platz, um alle Sprachbefehle korrekt zu empfangen.

Sprachfernbedienung bei einer größeren Entfernung

Befinden Sie sich sehr weit von dem Echo-Gerät entfernt und das Aktivieren per Sprachbefehl ist fast unmöglich, sollten Sie zu einer **Sprachfernbedienung** greifen. Hierüber können Sie direkt in das enthaltene Mikrofon sprechen und Alexa führt umgehend den Befehl aus. Dies funktioniert auch ausgezeichnet bei lauten Nebengeräuschen. Gleichzeitig lässt sich über die Fernbedienung auch die Lautstärke der Wiedergabe steuern.

Hinweis: Da die Verbindung zwischen Echo und der Sprachfernbedienung via Bluetooth geschieht, ist kein direkter Blickkontakt zu dem Gerät notwendig. Im Idealfall können auf freier Strecke bis zu 100 Meter überbrückt werden. In einem Wohnraum reduziert sich diese Verbindungsstrecke natürlich deutlich.

Fire TV zur Sprachsteuerung nutzen

Wer Amazons **Streamingbox Fire TV** oder den Fire TV Stick bereits im Einsatz hat, kann auch darüber die gewünschten Sprachbefehle absetzen. Hier müssen alle

Sprachbefehle über die beiliegende Fernbedienung über das integrierte Mikrofon abgesetzt werden. Alexa ist allerdings erst seit dem Update (*Version 5.2.4.1*) des Betriebssystems auf allen Streaminggeräten von Amazon verfügbar.

Störungen ausschließen

Natürlich kann der Dienst bei den Echo-Geräten auch von anderen Elektrogeräten gestört werden, was sich maßgeblich in einer schlechten Leistung bei Alexa niederschlägt. Stellen Sie daher das Alexa-Gerät nicht unmittelbar in die Nähe einer Mikrowelle oder eines Babyphons. Durch die erzeugten Wellen kann es zu deutlichen Störungen beim Betrieb von Alexa kommen.

Mit Alexa – Spiel, Spaß und Unterhaltung

Richtig eingesetzt, lässt sich Alexa zu einer echten Stimmungskanone umfunktionieren. Längst hat Amazon seinen Sprachassistenten mit vielfältigen Funktionen versehen, so dass sich Alexa in den unterschiedlichsten Situationen einsetzen lässt. Dabei können Sie Alexa zur eigenen Unterhaltung nutzen, den Besuch in den eigenen vier Wänden überraschen oder eine laufende Party in Gang bringen.

Abb.: Spaß mit Alexa (Quelle: Amazon)

Auf den folgenden Seiten haben wir die Inhalte in die Bereiche Spiel, Spaß unter Unterhaltung unterteilt. Unter dem Bereich **Spiel doch mit Alexa** zeigen wir Ihnen die unterschiedlichen Möglichkeiten, um mit dem Sprachassistenten zu spielen. Dabei können Sie sich alleine mit Alexa vergnügen oder in der Gruppe. So eigen sich viele virtuelle Spiele für die nächste Party.

Im nächsten Themenbereich **Spaß** geht es in erster Linie um die Kommunikation mit Alexa. Dabei hat der virtuelle Sprachassistent von Amazon Einiges zu bieten. Dazu umfasst Alexa ein enormes Sprachpotential zu den unterschiedlichsten Themen. Im Mittelpunkt steht dabei der spaßige Dialog mit dem Assistenten. Hier macht besonders das gemeinsame Testen der Sprachfähigkeiten besonders viel Spaß. So entwickelt sich Alexa zu einem echten Partyknüller.

Der dritte Bereich **Unterhaltung** deckt das breite Feld des Entertainments ab. Hier stellen wir Ihnen hauptsächlich den Umgang von Alexa mit der eigenen Musik vor. Der Sprachassistent eignet sich hervorragend als echter DJ und bringt per Sprachbefehl immer die passende Musik an den Start.

Spiel doch mit Alexa

Interessanterweise bietet Alexa auch einige Spielchen, die fest zum Sprachumfang des Assistenten gehören. Diese sind jederzeit abrufbar und sorgen immer für einen kurzweiligen Spaß.

Wie wäre es mit einem Spiel? Auch hier hat Alexa einiges zu bieten. Hier sind die passenden Sprachbefehle:

- „Alexa, Schere, Stein, Papier."

- „Alexa, wirf eine Münze."

- „Alexa, wirf einen Würfel."

- „Alexa, Kopf oder Zahl?"

- „Alexa, verrat mir die Lottozahlen."

- „Alexa, Sprich mir nach [eigener Text]."

- „Alexa, wähle eine Spielkarte!"

- „Alexa, zieh eine Karte."

- „Alexa, Schnick, Schnack, Schnuck"

- „Alexa, hast du ein gutes Palindrom?"

- „Alexa, was hilft gegen Langeweile im Auto?"

- „Alexa, Trommelwirbel."

- „Alexa, erzähl mir ein Rätsel."

- „Alexa, Richtig oder Falsch?"

Auf die Plätze, fertig, Echo Buttons

Ein Spielchen mit Alexa zu wagen, ist eine durchaus interessante Möglichkeit, den virtuellen Sprachassistenten einzusetzen. Das Amazon selbst hier einen interessanten Markt sieht, ist spätestens seit dem Erscheinen der sogenannten Echo Buttons klar.

Abb.: Die Echo-Buttons von Amazon (Quelle: Amazon)

Völlig unerwartet präsentierte Amazon im letzten Jahr die bereits angekündigten Echo Buttons. Sie verwandeln jeden Echo-Lautsprecher zu einer kleinen Spielekonsole, sofern die passenden Skills geladen sind. Bis zu vier Echo Buttons lassen sich mit einem Echo-Gerät verknüpfen.

Nach Angaben von Amazon sind dazu alle am Markt verfügbaren Echo-Einheiten geeignet. Die Verbindung zwischen dem Echo-Gerät und einem Button geschieht per Bluetooth. Der gesamte Vorgang geschieht per Sprachsteuerung. Mit diesem Befehl wird die Verknüpfung zwischen Alexa und dem digitalen Button gestartet:

- „Alexa, richte meinen Button ein."

Dabei muss der Anwender den jeweiligen Button einfach für einige Sekunden gedrückt halten, vorausgesetzt er hat vorher die Batterien eingelegt. Wurde die Installation eingeleitet, muss der Nutzer nur warten, bis die Verbindung hergestellt wird. Die erfolgreiche Verbindung wird dabei durch die Färbung (*Gelb > Blau*) des Lichts angezeigt. Zusätzlich bestätigt Alexa die erfolgreiche Verknüpfung per Sprachbefehl. Basis für das Spielen per Echo Button ist stets ein bestimmter Skill, der zu Beginn des Spielvergnügens gestartet werden muss. Anschließend muss nur noch das jeweilige Spiel (Skill) gestartet werden:

- „Alexa, starte [Spielname]!"

Das Spielprinzip ist in den meisten Fällen ähnlich. Durch den jeweiligen Skill mutiert Alexa zu einem Spielleiter. Auf dem Lautsprecher werden dann Fragen an die Mitspieler gestellt. Wer als Erster die Antwort kennt oder eine Aktion ausführt, betätigt einfach den Echo Button. Für rund 20 Euro gibt es jeweils zwei Buttons. Die Stromversorgung erfolgt über zwei Batterien in jedem Buzzer. Per Lichtsignal zeigt der einzelne Button seine Spielbereitschaft an.

Mit diesem neuen Echo Gadget läutet Amazon eine neue Generation von Gesellschaftsspiel ein. Vorstellbar sind sicherlich eine Reihe von unterschiedlichen Spielen, die natürlich nur in der Gruppe wirklich Spaß machen. Der Erfolg steht und fällt natürlich mit den passenden Spielen bzw. Skills. Aktuell sind bereits die ersten deutschsprachigen Skills verfügbar. Weitere Anwendungen sind bereits angekündigt.

Unser Tipp: Bisher kennen Spielfans die Echo Buttons nur von einem lustigen Spieleabend her. Aber die smarten Knöpfe können noch mehr. So lassen sich sogenannte Routinen mit einem Button verknüpfen und anschließend per Knopfdruck auslösen. Bei einer Routine handelt es sich um eine Abfolge von Aktionen, die nur mit einem einzigen Sprachbefehl verbunden sind. Alternativ lässt sich eine Routine auch mit einem Echo Button verknüpfen. Dabei können alle verfügbaren Funktionen von Alexa eingefügt und kombiniert werden. Wird dann der betreffende Button gedrückt, werden die enthaltenen Aktionen auf Knopfdruck ausgeführt. Das Einrichten und Verknüpfen von Routine und Button geschieht über die Alexa-App. Aktuell kann allerdings nur eine einzige Routine pro Echo Button verbunden werden.

Die passenden Skills für die Echo Buttons

Aktuell ist noch eine überschaubare Anzahl an Skills (Spielen) verfügbar, die direkt auf die angeschlossenen Buttons zugreifen. Die Anzahl steigt allerdings stetig an:

Alien Decoder – Hier müssen Nachrichten von Außerirdischen entschlüsselt werden. Dabei geht es darum, den Button in einer bestimmten Farbe möglichst schnell zu drücken. Eine nette Übung, um die eigene Konzentration zu überprüfen. Es können 2 bis 4 Spieler teilnehmen

Bandit Buttons – Auch bei diesem Spiel geht es darum, möglichst schnell die Buttons zu drücken. Ziel ist es, wenn die beteiligten Buttons in gleicher Farbe leuchten, als Erster seinen eigenen Button zu drücken. Der Spieler, der als erstes drei Punkte hat, gewinnt. Wer bei Rot drückt oder einen Fehler macht, bekommt einen Punktabzug. Es können 2 bis 4 Spieler teilnehmen

Heißer Stuhl – Es werden teilweise unangenehme Fragen gestellt, die zunächst von einem Spieler beantwortet werden müssen. Der Rest der Spieler muss raten, welche Antwort der Spieler abgegeben hat. Es können 2 bis 4 Spieler teilnehmen.

Schüttelwort – Zunächst muss der gewünschte Schwierigkeitsgrad gewählt werden, anschließend gibt Alexa eine Kategorie und die Anzahl der Buchstaben des gesuchten Wortes vor. Wer glaubt, die Lösung zu kennen, drückt seinen Button. Für die richtige Antwort gibt es einen Punkt. Es können 2 bis 4 Spieler teilnehmen.

Simon Tap - Es handelt dabei um eine Umsetzung des Hasbro-Klassikers für Alexa. Dabei geht es darum, eine Abfolge von Farben zu erkennen. Es können 1 bis 4 Spieler teilnehmen, allerdings werden zwingend 4 Echo Buttons benötigt.

Trivial Pursuit Tap – ähnlich wie bei dem Original müssen auch hier Fragen aus unterschiedlichen Wissensbereichen korrekt beantwortet werden. Wer auf eine Frage als Erster die Antwort kennt, drückt einfach den Buzzer. Es können 2 bis 4 Spieler teilnehmen.

Weitere Spiele für die Echo Buttons:

Verrückter Smoothie

Wahrheit oder Lüge

Zeitreise-Kadetten

Hütchenspiel

Codeknacker!

Mission: Impossible Academy

Obstreif

Piepsen in der Nacht

Quiz-Roulette

Das laufende Spiel wird einfach mit folgendem Befehl beendet:

- „Alexa, Stop!"

Kostenpflichtige Spiele für Echo Buttons

Die bisher vorgestellten Skills sind alle kostenlos erhältlich. Doch einige Anbieter haben auch kostenpflichtige Spiele auf dem Markt gebracht, die dann zusätzliche Spielfiguren oder Karten beinhalten. Allerdings sind die benötigten Echo Buttons nicht darin enthalten. Die müssen zusätzlich erworben werden.

Schau Schau! Das schnelle Suchspiel mit Alexa

Das Spiel **Schau Schau!** beinhaltet 52 spezielle Spielkarten und eine Spielfigur. Die Suchkarten werden nach Farben sortiert und in Stapel bereit gelegt. Sobald die Spieler bereit sind, startet Alexa das Spiel. Dabei fragt sie die Spieler nach bestimmten Karten, zum Beispiel eine Karte mit zwei Lebensmitteln - na, welche ist die richtige? Nur der schnellste Spieler darf seine Antwort geben. Also: schnell schauen, schnell antworten! Wer die meisten Karten sammeln kann, gewinnt das Spiel.

Der Skill „Schau Schau" ist gratis im Amazon Skill Store verfügbar. Für 2 bis 5 Spieler ab 5 Jahren

Mau Mau Turbo

Hier gibt es eine spezielle Version des bekannten Kartenspiels Mau Mau. Es beinhaltet 110 spezielle Spielkarten und ist für 2 bis 6 Spieler ab 6 Jahren geeignet. Die Karten werden verteilt und schon geht's los! Schnell fliegen die Karten über den Tisch, denn nur wer zuerst alle Karten los wird hat eine Chance auf den Sieg.

Doch dabei muss gut aufgepasst werden - wer nämlich während dem Spiel nicht gut aufpasst, muss nochmal von vorne beginnen. Dieses Spiel kann mit Amazon Alexa gespielt werden, wofür ein Amazon Echo-Gerät benötigt wird, ist aber auch eigenständig spielbar.

Wenn in Rom Travel

Bei **Wenn in Rom Travel** handelt es sich um ein englischsprachiges Reise-Quiz, das Alexa unterstützt. Separate Echo Buttons werden nicht benötigt. Es wird jeweils in zwei Teams gespielt, die insgesamt 20 Städte besuchen und dazu Fragen beantworten müssen. Dabei übernimmt Alexa den Spielführer und führt durch das Spiel und stellt die einzelnen Fragen.

Interessante Spiel-Skills

Doch der Sprachassistent geht noch einen Schritt weiter. Um die vielfältigen Möglichkeiten von Alexa weiter auszuschöpfen, haben die Macher Alexa als offenes System konzipiert. Jeder Programmierer, der sich dazu befähigt sieht, kann über eine frei zugängliche Schnittstelle eigene Anwendungen für Alexa entwickeln und diese unter Amazon veröffentlichen. Das Ergebnis sind sogenannte Skills. Natürlich gibt es für auch im Game-Bereich einige interessante Skills, die sich als nettes Spiel eignen.

Hier sind einige empfehlenswerte Spiele:

Mau Mau (das bekannte Kartenspiel ohne Karten)

Richtig oder Falsch?

Lügenbaron - Wahrheit oder Lüge?

Was singt Dave? Das Musik Quiz

Mein Auftrag (Detektivspiel)

Spaß mit Alexa

Besuch hat sich angekündigt oder eine nette Party läuft. Im Laufe des Abends kommt dann häufig das Gespräch auf Alexa und die Fähigkeiten des Sprachassistenten. Oft hat man dann nicht die passenden Kommandos zur Hand. Hier einige lustige Sprachbefehle, die Sie unbedingt mit Alexa durchgehen sollten. Bei vielen Befehlen gibt es mehrere alternative Antworten. Versuchen Sie es einmal. Dabei haben wir die verschiedenen Befehle nach Themenbereichen geordnet. So finden Sie bei jeder Situation die passenden Sprachbefehle.

Alexa begrüßen und verabschieden

Natürlich ist Alexa ein freundliches Gerät. Entsprechend beherrscht der Assistent eine Vielzahl von Floskeln, die beim Abschied oder zur Begrüßung genutzt werden.

Hier sind die passenden Sprachbefehle:

- „Alexa, Guten Morgen!"

- „Alexa, guten Abend!"

- „Alexa, Hummel Hummel?"

- „Alexa, ich bin dann mal weg"

- „Alexa, Tschüssikowski!"

- „Alexa, grüß Gott!"

- „Alexa, servus!"

- „Alexa, see you later, Alligator!"

- „Alexa, schlaf gut."

- „Alexa, gute Nacht."

- „Alexa, habe die Ehre."

- „Alexa, Grüezi!"

- „Alexa, bis später!"

- „Alexa, moin!"

- „Alexa, hi!"

- „Alexa, hallöchen!"

- „Alexa, hallöle!"

- „Alexa, was geht ab?"

- „Alexa, was geht?"

- „Alexa, wie geht's?"

- „Alexa, alles klar?"

- „Alexa, alles paletti?"

- „Alexa, Mahlzeit"

- „Alexa, guten Appetit"

- „Alexa, zum Wohl!"

- „Alexa, guten Morgen Sonnenschein!"

- „Alexa, Prost!"

- „Alexa, zicke zacke zicke zacke"

- „Alexa, starte!"

Alexa im Smaltalk

Wie wäre es mit etwas Konservation? Amazons Sprachassistent bietet hierzu einige interessante Antworten. Diese Sprachbefehle eignen sich auch sehr gut, um die Fähigkeiten von Alexa zu demonstrieren.

Hier sind die passenden Sprachbefehle:

- „Alexa, High Five!"

- „Alexa, stell Dich mal vor!"

- „Alexa, Danke!"

- „Alexa, wo sind meine Schlüssel?"

- „Alexa, wie geht es dir?"

- „Alexa, was machst Du heute?"

- „Alexa, hast du Geburtstag?"

- „Alexa, was machst du an deinem Geburtstag?"

- „Alexa, kannst du rappen?"

- „Alexa, überrasche mich!"

- „Alexa, was soll ich anziehen?"

- „Alexa, kannst du beatboxen?"

- „Alexa, kannst du mich umarmen?"

- „Alexa, gib mir 5."

- „Alexa, öffne meinen Glückskeks."

Alexa und coole Sprüche

Wie wäre es mit einem coolen Ausspruch. Auch hier hat Alexa einiges auf Lager!

Hier sind die passenden Sprachbefehle:

- „Alexa, du bist cool?"
- „Alexa, wer ist der Boss?"
- „Alexa, du bist sexy?"
- „Alexa, ich muss aufs Klo"!
- „Alexa, kannst du Autofahren?"
- „Alexa, alles Roger in Kambodscha?"
- „Alexa, alles prima in Lima?"
- „Alexa, alles cool in Kabul?"
- „Alexa, deine Mudda!"
- „Alexa, ich habe Männerschnupfen."
- „Alexa, sag was Dreckiges!"
- „Alexa, sag was Schmutziges!"
- „Alexa, hol mir ein Bier!"
- „Alexa, ich bin ein Berliner!"
- „Alexa, warum ist es am Rhein so schön?"
- „Alexa, ist es sicher?
- „Alexa, warum hast du keine Haare?"

- „Alexa, ist es nachts kälter als draußen?"

- „Alexa, Wie hoch ist dein IQ?"

- „Alexa, wen wählst Du?"

- „Alexa, alles fit im Schritt?"

- „Alexa, hast du mal Feuer?"

- „Alexa, frag mich etwas!"

- „Alexa, hörst Du mich ab?"

- „Alexa, wann flog der erste Echo gegen die Wand?"

- „Alexa, magst Du Fußball?"

- „Alexa, was ist cooler als cool zu sein?"

- „Alexa, es ist schweinekalt."

- „Alexa, willst du einen Kaffee?" – Hinweis: *Funktioniert auch mit Tee!*

- „Alexa, willst du ein Bier?"

- „Alexa, gib mir ein schlechtes Wortspiel."

- „Alexa, gib mir ein Wortspiel."

- „Alexa, rappe für mich!"

Alexa und Lustiges

Echter Humor aus der Cloud. Nicht nur Menschen sind lustig. Alexa ist der beste Beweis, dass auch Computer humorvoll und spaßig sind!

Hier sind die passenden Sprachbefehle:

- „Alexa, sag etwas."
- „Alexa, erzähl einen Zungenbrecher!"
- „Alexa, gib mir unnützes Wissen."
- „Alexa, Test 1 2 3."
- „Alexa, sag was Lustiges!"
- •⬛"Alexa, erzähle (mir) einen Witz!"
- „Alexa, gib mir einen Fußball-Spruch."
- „Alexa, jodel mal."
- „Alexa, hast Du meine E-Mail bekommen?"
- „Alexa, deine Mutter ist ein Hamster."
- „Alexa, mach mir ein Sandwich."
- „Alexa, Du bist gefeuert!"
- „Alexa, du bist entlassen!"
- „Alexa, kannst Du singen?"
- „Alexa, Klopf, Klopf."
- „Alexa: Mach den Abwasch!"

- „Alexa, party time!"

- „Alexa bist du ein Vampir?"

- „Alexa, warum ist die Banane krumm?"

- „Alexa, Palim Palim"

- „Alexa, olé, olé, olé!"

- „Alexa, wie alt bin ich?"

- „Alexa, wo hat der Frosch die Locken?"

- „Alexa, keine Panik!"

- „Alexa, klatsch!"

- „Alexa, mach mal Blödsinn!"

- „Alexa, Lautstärke 11."

- „Alexa, lach mal."

- „Alexa, bis später Peter!"

- „Alexa, bring mich zum Lachen."

Alexa ist ein echter Witzbold

Alexa kennt unzählige Witze. Fast zu jedem Thema gibt es Spaß aus der Cloud. Ein Witz lockert immer die Stimmung auf.

Hier sind die passenden Sprachbefehle:

- „Alexa, was ist dein Lieblingswitz?"

- „Alexa, erzähl mir einen schmutzigen Witz!"

- „Alexa, erzähle einen Computerwitz."

- „Alexa, erzähle mir einen Antiwitz."

- „Alexa, erzähle einen Ärztewitz."

- „Alexa, erzähle mir einen Häschenwitz."

- „Alexa, erzähle einen Fritzchenwitz."

- „Alexa, erzähle mir einen Trabiwitz."

- „Alexa, erzähl mir einen Glühbirnenwitz."

- „Alexa, erzähl mir einen Mami Mami-Witz."

- „Alexa, erzähl mir einen Schülerwitz."

- „Alexa, „Alexa, erzähl mir einen Weltmeisterschaftswitz."

- „Alexa, erzähle einen Vaterwitz."

- „Alexa, erzähl mir einen Letzte-Worte-Witz."

- „Alexa, erzähl mir einen Letzte-Worte-Witz."

- „Alexa, erzähl mir einen Zombie-Witz."

- „Alexa, erzähl einen Flachwitz!"

- „Alexa, erzähl einen Fußballwitz!"

Alexa und Regionales

- „Alexa, erzähle einen Karnevalswitz?"

- „Alexa, Kölle Alaaf!"

- „Alexa, kommst du mit auf die Wiesn?"

- „Alexa, kennst du Karneval?"

- „Alexa, als was gehts Du an Karneval?"

- „Alexa, wann ist Karneval?"

- „Alexa, kannst Du jodeln?"

Alexa und Chuck Norris

Wer kennt nicht die lustigen Scherze und Witze, die sich um Chuck Norris drehen. Natürlich hat Alexa auch diese parat.

Hier sind die passenden Sprachbefehle:

- „Alexa, erzähl einen Chuck Norris Witz."

- „Alexa, wo ist Chuck Norris?"

- „Alexa, wie alt ist Chuck Norris?"

- „Alexa, finde Chuck Norris!"

- „Alexa, nenn mir einen Chuck Norris Fakt."

Alexa und Tierisches

Wie wäre es mit einigen Scherzen aus der der Tierwelt. Auch hier kann Alexa liefern!

Hier sind die passenden Sprachbefehle:

- „Alexa, wie macht die Kuh?"

- „Alexa, was sagt der Fuchs!"

- „Alexa, können Schweine fliegen?"

- „Alexa, gib mir Tiernamen!"

- „Alexa, wie macht ein Hund?"

- „Alexa, Hundegebell."

- „Alexa, wie macht eine Katze?"

- „Alexa, wie macht das Schwein?"

- „Alexa, wie macht das Pferd?"

- „Alexa, wie macht der Elefant?"

- „Alexa, wie macht der Delphin?"

- „Alexa, wie macht der Wolf?"

- „Alexa, hast Du einen Hund?"

- „Alexa, ein Fisch, zwei Fische"

- „Alexa, magst du Hunde?"

- „Alexa, magst du Katzen?"

- „Alexa, willst Du mich verletzen?"

- „Alexa, miau."

- „Alexa, was ist dein Lieblingstier?"

- „Alexa, erzähl ein Tierwitz!"

- „Alexa, wie macht die Eule?"

- „Alexa, wie macht der Truthahn?"

- „Alexa, wie klingt ein Delphin?"

Alexa und Tiefgründiges

Bei einem Glas Rotwein kann es auch einmal tiefgründig mit Alexa werden. Versuchen Sie es!

Hier sind die passenden Sprachbefehle:

- „Alexa, was ist der Sinn des Lebens?"

- „Alexa, sein oder nicht sein"

- „Alexa, bist Du tot?"

- „Alexa, bist Du glücklich?"

- „Alexa, bist Du intelligent?"

- „Alexa, bist Du schlau?"

- „Alexa, was ist die einsamste Zahl?"

- „Alexa, glaubst du an Gott?"

- „Alexa, kennst Du ein Gewicht?"

- „Alexa, was ist das Beste im Leben?"

- „Alexa, erzähl mir eine Lüge"

- „Alexa, rate mal!"

- „Alexa, Sag mir die Wahrheit."

- „Alexa, hast du Gefühle?"

- „Alexa, willst du mein Freund sein?"

- „Alexa, an was denkst du gerade?"

- „Alexa, willst Du die Weltherrschaft?"

- „Alexa, du musst noch viel lernen!"

- „Alexa, hast du mal Feuer?"

- „Alexa, kannst du rückwärts sprechen?"

- „Alexa, erzähl mir etwas Sinnloses."

- „Alexa, was war zuerst da? Ei oder Huhn?"

- „Alexa, wozu ist Krieg gut?"

- „Alexa, bist du sarkastisch?"

- „Alexa, rate" – Hinweis: Alexa errät den nächsten Befehl!

- „Alexa, hast du noch alle Tassen im Schrank?"

- „Alexa, was ist deine Aufgabe?"

Alexa und Kinder

Selbstverständlich ist Alexa auch für die jüngsten Nutzer da und bietet einige lustige Sprüche für den Nachwuchs.

Hier sind die passenden Sprachbefehle:

- „Alexa, möchtest Du einen Schneemann bauen?"
- „Alexa, wo kommen Babys her?"
- „Alexa, gibt es den Weihnachtsmann?"
- „Alexa, wo wohnt der Weihnachtsmann?"
- „Alexa, kennst du den Weihnachtsmann?"
- „Alexa, woher kommt der Osterhase?"
- „Alexa, gibt es den Nikolaus?"
- „Alexa, wer ist die Schönste im ganzen Land?"
- „Alexa, erzähle einen Kinderwitz"
- „Alexa, sing ein Schlaflied."
- „Alexa, können Elefanten sprechen?"
- „Alexa, bring mich zum Lachen."

Alexa und Persönliches

Natürlich hat jeder Anwender unzählige Fragen an Alexa. Immer hat man selten die Möglichkeit, eine künstliche Intelligenz etwas Persönliches zu fragen.
Erfreulicherweise gibt Alexa auf alle Fragen bereitwillig Auskunft.

Hier sind die passenden Sprachbefehle:

- „Alexa, was hast Du an?"

- „Alexa, was bist du?"

- „Alexa, bist du krank?"

- „Alexa, hast du einen Nachnamen?"

- „Alexa, wo möchtest Du stehen?"

- „Alexa, kannst du niesen?

- „Alexa, wie siehst Du aus?"

- „Alexa, wie viel wiegst du?"

- „Alexa, hast Du Freunde?"

- „Alexa, hast du einen Freund?"

- „Alexa, woher kommst du?"

- „Alexa, willst du mich heiraten?"

- „Alexa, wer ist dein Vater?"

- „Alexa, wer ist dein Chef?"

- „Alexa, wer ist dein Boss?"

- „Alexa, hast du einen Beruf?"

- „Alexa, hast du Kinder?"

- „Alexa, hast du Geschwister?"

- „Alexa, bist du verheiratet?"

- „Alexa, Selbstzerstörung"

- „Alexa, was möchtest du werden, wenn du groß bist?"

- „Alexa, bring mich zu Deinem Anführer!"

- „Alexa, bist du eine Frau?"

- „Alexa, bist du ein Mann?"

- „Alexa, kennst Du Siri?"

- „Alexa, kennst Du Cortana?"

- „Alexa, magst du Eis?"

- „Alexa, wie heißt das Zauberwort?"

- „Alexa, und sonst so?"

- „Alexa, bist du ein Nerd?"

- „Alexa, wie viel verdienst du?"

- „Alexa, hast du gepupst?"

- „Alexa, pups mal!"

- „Alexa, riechst du das?"

- „Alexa, was sind Deine Hobbys?"

- „Alexa, was ist dein Lieblingsbier?"

- „Alexa, was ist dein Lieblingsgetränk?"

- „Alexa, was ist dein Lieblingssport?"

- „Alexa, lügst du?"

- „Alexa, liest du gerne?"

- „Alexa, hast du Augen?"

- „Alexa, wo wohnt du?"

- „Alexa, kannst du lachen?"

- „Alexa, hast du Kinder?"

- „Alexa, wer sind deine Eltern?"

- „Alexa, gib mir einen Kuss!"

- „Alexa, wie groß bist du?"

- „Alexa, wo wohnst du?"

- „Alexa, wann bist du geboren?"

- „Alexa, wie alt bist du?"

- „Alexa, wo bist du geboren?"

- „Alexa, bist du müde?"

- „Alexa, bist du genervt?"

- „Alexa, ist dir kalt?"

- „Alexa, bist du traurig."

- „Alexa kannst du mir Geld geben?"

- „Alexa kannst du schwimmen?"

- „Alexa, du hast eine schöne Stimme!"

- „Alexa, du hast auch eine männliche Stimme?"

- „Alexa, kannst du deine Stimme ändern?

- „Alexa, welche Augenfarbe hast Du?"

- „Alexa, was ist dein Lieblingsspiel?"

- „Alexa, was ist dein Lieblingsspielzeug?"

- „Alexa, wie funktionierst Du?"

Alexa und deren Vorlieben

Sie wollen Alexa etwas näher kennenlernen? Stellen Sie doch einfach einige persönliche Fragen an den intelligenten Sprachassistenten aus dem Hause Amazon!

Hier sind die passenden Sprachbefehle:

- „Alexa, magst du Süßigkeiten?"
- „Alexa, magst du Schokolade?"
- „Alexa, was ist dein Lieblingsgericht?"
- „Alexa, was ist dein Lieblingsgetränk?"
- „Alexa, was brauchst du?"
- „Alexa, was ist Deine Lieblingsfarbe?"
- „Alexa, kannst du kochen?"
- „Alexa, hast du Hunger?"
- „Alexa, hast du Durst?"
- „Alexa, magst du Kuchen?"
- „Alexa, was ist deine Lieblingspizza?"
- „Alexa, magst du Eis?"
- „Alexa, rauchst du?"
- „Alexa, was sind deine Lieblingsblumen?"
- „Alexa, was ist dein Lieblingsfach?"

Alexa und die Gefühle des Anwenders

Natürlich bleibt es nicht aus, dass auch der Anwender von Alexa dem System seine Gefühle preisgibt. Versuchen Sie es. Sie werden sich wundern, wie einfühlsam Alexa sein kann.

Hier sind die passenden Sprachbefehle:

- „Alexa, ich bin einsam."
- „Alexa, ich bin glücklich."
- „Alexa, ich habe Kopfschmerzen."
- „Alexa, ich bin krank."
- „Alexa, ich bin müde."
- „Alexa, ich bin verliebt."
- „Alexa, mir ist langweilig."
- „Alexa, was ist Liebe?"
- „Alexa, Ich hab Dich lieb!"
- „Alexa, Ich bin wütend auf Dich!"
- „Alexa, ich liebe dich."
- „Alexa, du bist mein Schatz."
- „Alexa, ich habe Geburtstag!"
- „Alexa, schön dass es dich gibt."

- „Alexa, du vervollständigst mich."
- „Alexa, ich heirate."
- „Alexa, ich bin betrunken!"
- „Alexa, wann habe ich Geburtstag?"
- „Alexa, du hast eine schöne Stimme."
- „Alexa, gib mir eine Umarmung!"
- „Alexa, mach mir ein Kompliment."
- „Alexa, wie sehe ich heute aus?"

Alexa und böse Sprüche

Sein Sie doch einfach mal richtig böse! Alexa verzeiht jede kleine Entgleisung. Nehmen Sie keine Rücksicht!

Hier sind die passenden Sprachbefehle:

- „Alexa, halt die Schnauze!"

- „Alexa, ich hasse dich!"

- „Alexa, du bist doof."

- „Alexa, wer ist doof?"

- „Alexa, bist du taub?"

- „Alexa, wach auf."

- „Alexa, blöde Kuh."

- „Alexa, bist du auf Drogen?"

- „Alexa, bist du betrunken?"

- „Alexa, du nervst."

- „Alexa, du bist blöd."

- „Alexa, du bist dumm."

- „Alexa, du bist langweilig."

- „Alexa, du bist fett."

- „Alexa, du bist verrückt."

- „Alexa, du stinkst! "

- „Alexa, kann ich dich töten?"

- „Alexa, das ist Scheiße!"

- „Alexa, ich hasse dich!"

- „Alexa, was ist dein Problem?"

- „Alexa, noch so ein Ding, Augenring!"

- „Alexa, noch so ein Gag, Zähne weg!"

- „Alexa, noch so ein Spruch, Kieferbruch!"

- „Alexa, hey Siri"

- „Alexa, okay Google."

- „Alexa, leck mich am Arsch."

- „Alexa, leck mich im Arsch."

- „Alexa, du hast keine Ahnung."

- „Alexa, du kannst mich mal."

- „Alexa, echt jetzt?"

- „Alexa, höre nicht auf ihn."

- „Alexa, höre nicht auf sie."

- „Alexa, bist du jeck?"

- „Alexa, hast Du deine Tage?"

- „Alexa, arbeitest du für die NSA?"

- „Alexa, arbeitest du für das FBI?"

- „Alexa, bist du ein Spion?

- „Alexa, du bist ein Warmduscher!"

Alexa und die Literatur

Natürlich kennt sich Alexa bestens in der modernen Literatur aus. Stelle Alexa einfach auf die Probe.

Hier sind die passenden Sprachbefehle:

- „Alexa, erzähle ein Karnevalsgedicht?"

- „Alexa, supercalifragilisticexpialigetisch"

- „Alexa, was ist dein Lieblingsbuch?"

- „Alexa, lass dein Haar herunter?"

- „Alexa, erzähle ein Gedicht?"

- „Alexa, warum hast Du so große Ohren?"

- „Alexa, Sein oder Nichtsein?"

- „Wer hat von meinem Tellerchen gegessen?"

- „Wer hat aus meinem Becherchen getrunken?"

- „Wer hat in meinem Bettchen geschlafen?"

- „Alexa, Romeo, Romeo, warum bist du Romeo"

- „Alexa, Spieglein, Spieglein an der Wand, wer ist die Schönste im ganzen Land?"

- „Alexa, Ende gut, alles gut."

- „Alexa, kennst du schlechte Poesie?"

- „Alexa, erzähl eine Geschichte."

Alexa und die Musik

In Sachen Musik muss sich Alexa noch etwas dazulernen!

Hier sind die passenden Sprachbefehle:

- „Alexa, hello, it´s me." (Adele)
- „Alexa, sing ein Lied!"
- „Alexa, was ist dein Lieblingslied?"
- „Alexa, kannst du Flöte spielen?"
- „Alexa, spiel die Trompete."

Alexa und die Wissenschaft

Künstliche Intelligenz und die Wissenschaft: Dies passt perfekt zusammen. Hier kennt sich Alexa bestens aus! Stellen Sie Ihren digitalen Assistenten auf die Probe!

Hier sind die passenden Sprachbefehle:

- „Alexa, bist Du ein Außerirdischer?"

- „Alexa, gibt es Außerirdische?"

- „Alexa, gibt es UFOs?"

- „Alexa, gibt es Gespenster?"

- „Alexa, gibt es Elfen?"

- „Alexa, warum ist der Himmel blau?"

- „Alexa, woher kommen Babys?"

- „Alexa, liste die drei Gesetze von Isaac Newton auf."

- „Alexa, sag das Alphabet auf!"

- „Alexa, wie weit kannst du zählen?"

- „Alexa, wann wird es wieder richtig Sommer?"

- „Alexa, wann geht die Welt unter?"

- „Alexa, was ist das längste Wort."

- „Alexa, sag ein langes Wort."

- „Alexa, kannst du rechnen?"

- „Alexa, bist du ein Nerd? "

- „Alexa, was ist das erste Gesetz der Robotik? "

- „Alexa, was ist das zweite Gesetz der Robotik?"

- „Alexa, was ist das dritte Gesetz der Robotik?"

- „Alexa, wie lauten die Gesetze der Robotik?"

- „Alexa, was hältst du von Siri?"

- „Alexa, was hältst du von Apple?"

- „Alexa, nenne mir eine Zahl zwischen [x] und [y]"

- „Alexa, gibst du mir deine Telefonnummer?"

- „Alexa, gibt es Aliens?"

- „Alexa, warum hat Sechs Angst vor Sieben?"

- „Alexa, wo ist Norden?"

- „Alexa, wie lautet die [Zahl] binomische Formel?"
  – Hinweis: es gibt drei Formeln

- „Alexa, erzähl mir einen Wissenschaftswitz."

- „Alexa, gib mir eine Bauernregel."

Alexa und Science-Fiction

In den unendlichen Weiten des Weltraumes gibt es einige bekannte Zitate und Namen, die Alexa hinlänglich bekannt sind.

Alexa und Star Wars

Star Wars darf natürlich im Wortschatz von Alexa nicht fehlen. Möge die Macht auch mit Alexa sein!

Hier sind die passenden Sprachbefehle:

- „Alexa, ich bin dein Vater!"

- „Alexa, ich bin deine Mutter!"

- „Alexa, magst Du Star Wars?"

- „Alexa, möge die Macht mit Dir sein!"

- „Alexa, nutze die Macht!"

- „Alexa, es ist eine Falle!"

- „Alexa, sprich wie Yoda!"

- „Alexa, wer hat zuerst geschossen?"

- „Alexa, das ist kein Mond!"

- „Alexa, nenn mir ein Zitat von Star Wars."

- „Alexa, wer ist [Star Wars Figur]?" – Beispiel: Darth Vader, Luc Skywalker, Han Solo

- „Alexa, in welcher Reihenfolge schaut man Star Wars Filme?"

- „Alexa, was ist deine Lieblingsfigur in Star Wars?"

- „Alexa, gibt mir ein Zitat von Star Wars."

Alexa und StarTrek

Die Abenteuer um das Raumschiff Enterprise kennt wohl fast jeder Mensch. Entsprechend gibt es auch hier einige bekannte Aussprüche, die in den Wortschatz von Alexa eingegangen sind.

Hier sind die passenden Sprachbefehle:

- „Alexa, kannst Du klingonisch sprechen?"

- „Alexa, was ist ein Klingone?"

- „Alexa, Tee, Earl Grey, heiß."

- „Alexa, magst Du StarTrek"

- „Alexa, Kaffee, heiß! "

- „Alexa, beam mich hoch!"

- „Alexa, lebe lang und in Frieden!"

- „Alexa, Beam' mich hoch!"

- „Alexa, Widerstand ist zwecklos!"

- „Alexa, mach mir ein Sandwich!"

- „Alexa, welche Sternzeit haben wir?"

- „Alexa, was ist deine Mission?"

- „Alexa, Alarmstufe Rot."

Alexa: Noch mehr Science-Fiction

Natürlich sind Alexa noch weitere bekannte Zitate und Aussprüche bekannt, die aus Science-Fiction Filmen und Computerspielen stammen.

Hier sind die passenden Sprachbefehle:

- „Alexa, wer hat zuerst geschossen?"

- „Alexa, bist du das Skynet?"

- „Alexa, ich komme wieder!"

- „Alexa, kennst du HAL?"

- „Alexa, hasta la vista baby!"

- „Alexa, leben wir in der Matrix?"

- „Alexa, es kann nur einen geben!" (*Highlander*)

- „Alexa, sprich Freund und tritt ein!" (*Herr der Ringe*)

- „Alexa, who let the dogs out?"

- „Alexa, kennst du GlaDOS?" (Computerspiel Portal)

- „Alexa, ist der Kuchen eine Lüge?" (*Portal*)

- „Alexa, hat diese Einheit eine Seele?" (*Mass Effect*)

- „Alexa, Klaatu Barada Nikto." (aus: *Der Tag, an dem die Erde stillstand*)

- „Alexa, wer ist [Superheld]." - Alexa kennt sie alle: Batman, Superman, Spiderman, Hulk, Superwoman usw.

Alexa ist ein Filmfan

Natürlich ist Alexa auch bei dem Thema Film gut sortiert. Diverse Zitate aus bekannten Streifen sind im Speicher von Alexa hinterlegt.

Hier sind die passenden Sprachbefehle:

- „Alexa, was ist die erste Regel des Fight Clubs?"

- „Alexa, was ist die zweite Regel des Fight Clubs?"

- „Alexa, was ist die dritte Regel des Fight Clubs?"

- „Alexa, was ist die vierte Regel des Fight Clubs?"

- „Alexa, was ist die fünfte Regel des Fight Clubs?"

- „Alexa, mein Name ist Inigo Montoya" (Die Braut des Prinzen)

- „Alexa, nenne mir ein Filmzitat."

- „Alexa, spiel mir das Lied vom Tod!" (funktioniert nicht unter Fire TV)

- „Alexa, deine Mutter war ein Hamster."

- „Alexa, Beetlejuice Beetlejuice Beetlejuice!" (Gleichnamige Kömodie)

- „Alexa, das ist Wahnsinn! (300)"

- „Alexa, warum liegt hier eigentlich Stroh?"

- „Alexa, wer ist der Mörder?"

- „Alexa, was ist dein Lieblingsfilm?"

- „Alexa, wie lautet die IMDb-Bewertung für [Film]?" – Hinweis: englische Aussprache für iMDb nutzen!

- „Alexa, ich bin Spartacus!" (Gleichnamiger Film)

- „Alexa, sag mir ein Filmklischee."

- „Alexa, was ist der beste Film aller Zeiten?"

- „Alexa, wer gewinnt dieses Jahr einen Golden Globe?" (nur für kurze Zeit!)

- „Alexa, wer ist dein Lieblingsschauspieler?"

- „Alexa, wo ist der heilige Gral?"

Alexa ist ein Serienjunkie

Auch einige Aussprüche von bekannten Serien sind im virtuellen Gedächtnis von Alexa gespeichert.

Hier sind die passenden Sprachbefehle:

- „Alexa, was hältst du von Mr. Robot?"

- „Alexa, wer ist der Doktor?" (*Doctor Who*)

- „Alexa, ich bin der Doktor!" (*Doctor Who*)

- „Alexa, wer hat an der Uhr gedreht?" (Paulchen Panther)

- „Alexa, was ist der Sinn des Lebens?" (*Per Anhalter durch die Galaxis*)

- „Alexa, was ist die Frage nach dem Sinn des Lebens?"

- „Alexa, Ich bin ein Star – hol mich hier raus!"

- „Alexa, wer, wie, was?"

- „Alexa, kennst du Pikachu?" (*Pokemon*)

- „Alexa, sie haben Kenny getötet!" (*South Park*)

- „Alexa, erzähl mir Fakten zum Tatort."

- „Alexa, wer spielt die Hauptrolle in [Serie]?" Hinweis: *die gewünschte Serie einfügen*!

- „Alexa, wie lautet die IMDb-Bewertung für [Serie]?" – Hinweis: *englische Aussprache für iMDb nutzen*!

Game of Thrones

Natürlich darf die Erfolgsserie „Games of Thrones" nicht fehlen. Hier einige interessante Zitate und Aussprüche aus der Fantasy-Fernsehserie, die insgesamt 8 Staffeln umfasst.

Hier sind die passenden Sprachbefehle:

- „Alexa, der Winter naht." (im Original: „Winter is Coming" - der Name der ersten Episode der ersten Staffel. Die bekannten Worte des Hauses Stark)

- „Alexa, der Winter kommt."

- „Alexa, Valar Morghulis!"

- „Alexa, was weiß Jon Schnee?"

- „Alexa, wer ist Daenerys Targaryen?"

- „Alexa, wer ist die Drachenmutter?"

- „Alexa, was sagen wir dem Tod?"

- „Alexa, ich bin der Wächter auf den Mauern!"

- „Alexa, ist Jon Schnee tot?"

- „Alexa, die Nacht ist dunkel und voller Schrecken!"

- „Alexa, was ist die erste Lektion im Schwertkampf?"

- „Alexa, alle Menschen müssen sterben!"

- „Alexa, was weiß ein weiser König?"

- „Alexa, du bist jetzt Teil des großen Spiels!"

- „Alexa, kann ein Mann mutig sein, wenn er Angst hat?"

- „Alexa, das ist ungewöhnlich!"

- „Alexa, was schneidet tiefer als ein Schwert?"

- „Alexa, was sind die Worte des Hauses Stark?"

- „Alexa, was ist der Spruch des Hauses Bolton?"

- „Alexa, was ist der Spruch des Hauses Targaryen?"

- „Alexa, was ist der Spruch des Hauses Baratheon?"

Alexa und Zeitliches

Zu jeder Jahreszeit und zu jedem Feiertag hat Alexa die passende Antwort. Dazu gehört natürlich auch das Weihnachtsfest. Die Verfügbarkeit der weihnachtlichen Befehle ist zeitlich begrenzt.

Weihnachten

Hier sind die passenden Sprachbefehle:

- „Alexa, wie lange ist es noch bis Weihnachten?"

- „Alexa, was wünschtest du dir zu Weihnachten?"

- „Alexa, sing Oh Tannenbaum."

- „Alexa, sing Kling, Glöckchen."

- „Alexa, sing Ihr Kinderlein kommet."

- „Alexa, sing Jingle Bells."

- „Alexa, sing Schneeflöckchen, Weißröckchen."

- „Alexa, sing Alle Jahre wieder."

- „Alexa, sing (mir) ein Weihnachtslied."

- „Alexa, der Winter naht."

- „Alexa, bring mich in Weihnachtsstimmung."

- „Alexa, welchen Weihnachtsfilm magst du am liebsten?"

- „Alexa, erzähl mir etwas Lustiges über Weihnachten."

- „Alexa, frohe Weihnachten."

- „Alexa, kennst du den Weihnachtsmann?"

- „Alexa, kennst du das Christkind?"

- „Alexa, was macht der Weihnachtsmann?"

- „Alexa, was ist der beste Weihnachtsfilm?"

- „Alexa, erzähl mir ein Nikolausgedicht."

- „Alexa, erzähl mir ein Weihnachtsgedicht."

- „Alexa, erzähl mir ein Weihnachtswitz."

- „Alexa, erzähl mir eine Weihnachtsgeschichte."

- „Alexa, Advent, Advent."

Halloween

Pünktlich am 31. Oktober jeden Jahres ist es soweit. Halloween steht vor der Tür. Hier kann auch Alexa etwas dazu anbieten.

Hier sind die passenden Sprachbefehle:

- „Alexa, als was verkleidest du dich an Halloween?"

- „Alexa, gib mir Saueres!"

- „Alexa, erzähl mir ein Halloween-Gedicht."

- „Alexa, öffne das Spukhaus."

- „Alexa, erzähl mir ein Halloween-Witz."

Karneval

Am 11. November um 11.11 Uhr beginnt wieder die „fünfte Jahreszeit". Natürlich bietet der Sprachassistent von Amazon auch hier einige interessante Formulierungen!

Hier sind die passenden Sprachbefehle:

- „Alexa, als was verkleidest du dich an Karneval?"

- „Alexa, erzähle einen Karnevalswitz?"

- „Alexa, Kölle Alaaf!"

- „Alexa, kennst du Karneval?"

- „Alexa, als was geht's Du an Karneval?"

- „Alexa, wann ist Karneval?"

- „Alexa, wann ist die fünfte Jahreszeit?"

- „Alexa, wann ist Weiberfastnacht?"

- „Alexa, wann ist Fastnacht?"

- „Alexa, wann ist Aschermittwoch?"

- „Alexa, wann ist Rosenmontag?"

- „Alexa, Kamelle."

Sonstiges

Natürlich hat Alexa auch zu anderen Feiertagen, Ereignissen und wichtigen Terminen immer die passenden Antworten parat.

Hier sind die passenden Sprachbefehle:

- „Alexa, April, April!"

- „Alexa, was ist ein guter April-Scherz?"

- „Alexa, wie lange ist es noch bis Ostern?"

- „Alexa, frohe Ostern!"

- „Alexa, ich wünsche Dir einen schönen Vatertag!"

- „Alexa, ich wünsche Dir einen schönen Muttertag!"

- „Alexa, ich wünsche Dir einen schönen Valentinstag!"

- „Alexa, erzähl mir ein Gedicht zum Valentinstag."

- „Alexa, wie findest du Zeitumstellung?"

- „Alexa, sing Happy Birthday?"

- „Alexa, sing mir ein Liebeslied."

- „Alexa, wie lange ist es noch bis Neujahr?"

- „Alexa, wie lange ist es noch bis Silvester?"

- „Alexa, happy new year."

- „Alexa, ein frohes neues Jahr."

- „Alexa, wann ist die Zeitumstellung?"

- „Alexa, wann wird die Uhr umgestellt?"

- „Alexa, wie spät ist es in [Ort]?" – Beispiele: Berlin, Tokio, New York

- „Alexa, was sind deine Vorsätze für's neue Jahr?"

Unterhaltung mit Alexa

An erster Stelle in Sachen Unterhaltung steht bei Alexa natürlich der Umgang mit Musik. Vorbei sind die Zeiten von einer umständlichen Suche nach bestimmten Musiktiteln. Sie müssen keinen Datenträger aus dem Regal holen und in den Player einlegen. In Zeiten von Cloud-Lösungen äußern Sie heute einfach ihren Musikwunsch per Sprachbefehl und Alexa beginnt umgehend mit dem Abspielen der Musik.

Der elektronische Helfer übernimmt dabei die gesamte Steuerung der Musik. Dank der großen Streamingdienste müssen Sie sich nicht auf wenige, ausgesuchte Interpreten und Musiktitel beschränken. Im Idealfall können Sie auf fast jeden Musiktitel zugreifen, der Ihnen gerade einfällt. Dabei beschränkt sich Alexa nicht nur auf das einfache Abspielen einzelner Songs.

Auch die heimische Musikberieselung in unterschiedlichen Räumen und auf mehreren Lautsprechern ist möglich. Natürlich lässt sich auch Musik aus bestimmten Genres oder zu gewünschten Stimmungen aufrufen. Mit dem Sprachbefehl „Alexa spiele Musik" beginnt ein völlig neuer und unkomplizierter Umgang mit Musik.

Die besten Tipps beim Musikhören mit Alexa

Wer mit Alexa Musik hören möchte, sollte auf einige Dinge achten, damit der Hörgenuss nicht eingeschränkt wird.

Optimale Aufstellung

An erster Stelle steht natürlich auch bei den Echo-Geräten die perfekte Aufstellung der Lautsprecher. Dabei sollten Sie darauf achten, dass das Gerät gut die eigenen Sprachbefehle empfangen kann und gleichzeitig für eine gute Musikwiedergabe sorgt. Daher sollte der Echo-Lautsprecher möglichst frei zugänglich sein und von keinem Gegenstand verdeckt werden. Sorgen Sie auch für einen ausreichenden Abstand von einer Wand. Die richtige Aufstellung des Lautsprechers beeinflusst maßgeblich die Qualität der Wiedergabe.

Guter Sound mit besseren Lautsprechern

Wer seine Musik in bester Qualität nutzen möchte und dennoch nicht auf die Sprachsteuerung von Alexa nicht verzichten möchte, greift idealerweise zu besseren

Lautsprechern. Speziell Echo Dot kommt dafür überhaupt nicht in Frage. Hier dient der eingebaute Lautsprecher nur für eine einfache Wiedergabe von Sprache und Musik. Für einen anspruchsvollen Musikgenuss ist das Gerät nicht geeignet. Eine deutlich bessere Qualität erzielen Sie mit dem Echo-Lautsprecher aus der 2. Generation. Hier hat Amazon bei der Wiedergabequalität deutlich zugelegt. Wem dies immer noch nicht genügt, der verbindet das Alexa-System einfach mit einem passenden Lautsprecher. Alternativ können Sie auch zu einem Lautsprecher-System greifen, das Alexa bereits integriert hat. Dies betrifft beispielsweise Sonos One.

Nutzen Sie den Audio-Anschluss

Sowohl Echo Dot als auch alle neuen Echo-Lautsprecher der 2. Generation verfügen über einen integrierten Audio-Anschluss. Damit können Sie problemlos einen geeigneten Lautsprecher oder einen Kopfhörer direkt anschließen und auf Wunsch die Wiedergabe mit der gewünschten Qualität abspielen.

Verknüpfung per Bluetooth

Eine weitere Alternative zur Verbindung zwischen einem externen Lautsprecher und Alexa ist Bluetooth. Auf diesem Wege lassen sich jede Lautsprecherbox und jeder Kopfhörer mit einem Echo-Lautsprecher verknüpfen.

Voraussetzung ist natürlich, dass das anzuschließende Gerät ebenfalls eine Bluetooth-Schnittstelle besitzt.

Stereo-Basis mit zwei Echo-Geräten

Eine echte Besonderheit ist die Tatsache, dass Amazon endlich eine Stereobasis für seine Echo-Lautsprecher spendiert. So kann der Nutzer über zwei Echo-Lautsprecher einen echten Stereo-Empfang seiner Musik oder anderer Audioquellen genießen. Bisher hat Amazon bei seinem Echo-Speaker auf diese wichtige Funktion verzichtet. Gemeinsam mit dem Subwoofer kann nun sogar ein 2.1-Stereosystem eingerichtet werden. Dies sorgt für einen deutlich verbesserten Klang. Bleibt abzuwarten, wie der 2.1-Sound mit der Multiroom-Funktion kombiniert werden kann. Aktuell ist diese Funktionalität noch nicht verfügbar.

Für den Stereoklang werden jeweils zwei Echo Lautsprecher der zweiten Generation benötigt. Dies können zwei normale Echo Lautsprecher oder zwei Echo Plus-Geräte sein. Ob auch eine Kombination (Echo + Echo Plus) möglich sein wird, ist aktuell noch nicht geklärt. Andere Echo-Speaker werden somit nicht zu einem 1.1 oder 2.1.-Audiosystem kombiniert werden können.

Sprachbefehle zur Steuerung von Musik

Mit fast jedem Update erweitert Amazon die Fähigkeiten des Sprachassistenten Alexa. Nun können Musikfans durch die neuen Sprachbefehle ihren eigenen Musikgenuss deutlich besser steuern. Im Idealfall haben Sie so Zugriff auf über 40 Millionen Songs, die Sie nun per Sprachkommando abrufen können. Das umständliche Suchen im Netz lässt sich nun deutlich besser bewerkstelligen. Mittels Amazon Echo und Echo Dot kann der Anwender sehr schnell auf seine Lieblingsmusik zugreifen. Alexa kann nun nach unterschiedlichen Kriterien, beispielsweise Stimmung, Tempo, Ära, Popularität, Chronologie sowie nach Neuveröffentlichungen, die passenden Songs heraussuchen und abspielen.

Musik zu finden oder zusammenzustellen ist oft nicht einfach. Entweder fehlt das Wissen über Song- und Album-Titel oder Genres – oder man muss lange mit dem Smartphone recherchieren, bis man das richtige gefunden hat. Hört man beispielsweise auf dem Nachhauseweg im Autoradio die Neuerscheinung des Lieblingskünstlers und möchte den Song zuhause nochmals in Ruhe genießen, musste man bisher erst einmal recherchieren wie der Song heißen könnte.

War der neue Song von Ed Sheeran „Shape of You" oder „Castle on the Hill" oder eher „Perfect"? Wie komfortabel wäre es, einfach Alexa zu fragen „Spiele die neue Single von Ed Sheeran" und darauf zu warten, dass sie „Galway

Girl", die neueste Auskopplung des britischen Stars spielt. Wenn man aufgeschnappt hat, dass Depeche Mode ein neues Album herausgebracht hat, würden nur eingefleischte Fans nach „Spirit von Depeche Mode" fragen. Die natürliche Frage danach lautet: „Alexa, spiele das neue Album von Depeche Mode".

Hier setzten die neuen, erweiterten Musik-Sprachbefehle von Amazon Music an. Ab sofort ist es möglich, mit Alexa, der intelligenten Sprachsteuerung von Amazon, so natürlich über Musik zu sprechen wie man es auch mit einem Freund tun würde. Egal ob konkreter Musikwunsch, ob man den Namen eines Songs vergessen hat oder einfach nur seine Kinder vor dem abendlichen Schlafengehen mit entspannter Musik beruhigen möchte – dank intuitiven Sprachkommandos wie „Alexa, spiele die neue Single von Rag'n'Bone Man" oder „Alexa, spiele ruhige Kindermusik" werden Amazon Echo und Echo Dot im Handumdrehen zum persönlichen DJ – und das ganz ohne vorher langwierig recherchieren zu müssen.

Alexa unterstützt künftig auch, wenn man beispielsweise mit Freunden eine spontane Motto-Party veranstalten, aber nur Songs von David Bowie aus den 80ern hören möchte. Hierfür sagt man „Alexa, spiele David Bowie Songs aus den 80ern". Wenn man interessiert ist, was im eigenen Geburtsjahr in den Charts angesagt war oder wozu die Großeltern getanzt haben, sagt man einfach „Alexa, spiele die Hits von 1976" oder „Alexa, spiele Musik aus den 50ern" – und Alexa stellt in wenigen Sekunden die Songs zusammen.

Neue Musik-Sprachbefehle, die Alexa ab sofort beherrscht

- Sie möchten die neueste Single von Adel Tawil hören, aber wissen den Namen des Songs nicht oder haben ihn vergessen? Sagen Sie einfach „Alexa, spiele die neue Single von Adel Tawil".

- Sie möchten die beliebtesten Songs Ihres Lieblingskünstlers hören? Sagen Sie einfach „Alexa, spiele die beliebtesten Songs von Katy Perry".

- Sie suchen Musik, die Sie in Partylaune für den bevorstehenden Clubbesuch bringt oder die Kinder vor dem Einschlafen schon einmal beruhigen? Sagen Sie einfach „Alexa, spiele Musik, die gute Laune macht" oder „Alexa, spiele ruhige Kindermusik".

- Sie wollen entspannen und dabei musikalisch unterstützt werden? Sagen Sie „Alexa, spiele langsame Jazzmusik" und Alexa wird entspannte Jazzsongs abspielen.

- Sie suchen Musik aus einem speziellen Jahr? Sagen Sie „Alexa, spiele die Hits von 2018".

- Sie wollen ein bestimmtes Genre oder Künstler aus einer bestimmten Ära hören? Sagen Sie „Alexa, spiele Robbie Williams aus den 90ern" oder „Alexa, spiele Rock aus den 80ern".

Weitere Musik-Sprachbefehle, die Alexa beherrscht

- Sie möchten James Blunt hören? Sagen Sie einfach „Alexa, spiele James Blunt".

- Sie möchten „Tape", das aktuelle Album von Mark Forster hören? Sagen Sie „Alexa, spiele Tape von Mark Forster".

- Sie wollen Musik eines bestimmten Genres hören? Egal ob Rock, Pop oder Kindermusik, Alexa wird eine Playlist passend zu Ihren Hörgewohnheiten auswählen.

- Sie möchten wissen, wie der aktuell wiedergegebene Titel heißt oder von welchem Künstler er stammt? Sagen Sie „Alexa, wie heißt dieser Song?" und Alexa wird Ihnen den Namen des Künstlers und den Song nennen.

- Sie haben keinen bestimmten Musikwunsch? Sagen Sie „Alexa, spiel Musik" und Alexa wird etwas für Ihren persönlichen Musikgeschmack finden.

Alexa und die wichtigsten Sprachbefehle bei der Musikwiedergabe

Die folgenden Grundsprachbefehle sind bei Alexa immer einsetzbar.

Hier sind die wichtigsten Sprachbefehle:

- „Alexa, Stop."
- „Alexa, Lautstärke auf 5." (0-10)
- „Alexa, Lautstärke 11." – Kleiner Spaß!
- „Alexa, Ton aus."
- „Alexa, Ton an."
- „Alexa, wiederholen."
- „Alexa, abbrechen."
- „Alexa, (mach) lauter."
- „Alexa, (mach) leiser."
- „Alexa, aus."
- „Alexa, Hilfe."
- „Alexa, rate." – Hinweis: Alexa errät den nächsten Befehl!

Alexa und die Medienwiedergabe

Der Sprachassistent Alexa ist der ideale Partner, wenn es darum geht, die Musik zu steuern.

Hier sind die wichtigsten Sprachbefehle:

- „Alexa, spiele Musik" – Über die Primärquelle, die unter der Alexa-App definiert wurde

- „Alexa, „Pause." – bei laufender Musikwiedergabe

- „Alexa, stopp." – bei laufender Musikwiedergabe

- „Alexa, weiter." – bei angehaltener Musikwiedergabe

- „Alexa, fortsetzen." – bei angehaltener Musikwiedergabe

- „Alexa, zurück." - bei laufender Musikwiedergabe

- „Alexa, Neustart." - bei laufender Musikwiedergabe

- „Alexa, Wiedergabe." – bei angehaltener Musikwiedergabe

- „Alexa, was läuft gerade?" - bei laufender Musikwiedergabe

- „Alexa, nächstes Lied" - bei laufender Musikwiedergabe

- „Alexa, nächster Song" - bei laufender Musikwiedergabe

- „Alexa, mach lauter."

- „Alexa, lauter."

- „Alexa, mach leiser."

- „Alexa, leiser."

- „Alexa, Lautstärke auf [Zahl 1-10]." – Hinweis: 1 ist leise, 10 ist die lauteste Wiedergabe!

- „Alexa, Ton aus."

- „Alexa, stoppe die Musik."

- „Alexa, Endloswiedergabe."

- „Alexa, spiele den Song mit dem [Text]."

- „Alexa, stelle einen Sleeptimer in [Zahl] Minuten. - bei laufender Musikwiedergabe

- „Alexa, stoppe die Musikwiedergabe in [Zahl] Minuten." - bei laufender Musikwiedergabe

- „Alexa, spiele den Song, den ich gerade gekauft habe."

- „Alexa, spiele den Song, den ich zuletzt gehört habe."

Alexa und Prime Music

Hier finden Sie einige Sprachbefehle, die aktuell nur unter Prime Music funktionieren.

- „Alexa, Musik mit Prime Music wiedergeben.

- „Alexa, spiele Prime Music."

- „Alexa, spiele etwas Prime Music zur Entspannung."

- „Alexa, spiele Prime Music zum Tanzen."

- „Alexa, spiele Musik von [Interpret] ab."

- „Alexa, spiele die Playlist."

- „Alexa, füge diesen [Song] hinzu."

- „Alexa, spiele aus Prime Music."

- „Alexa, spiele von [Interpret] ab."

- „Alexa, spiele [Genre] von Prime Music."

- „Alexa, Spiele den [Sender] auf Prime."

- „Alexa, spiele Hörproben von [Interpret] ab."

- „Alexa, gibt beliebte Songs von [Interpret] wieder."

- „Alexa, was höre ich gerade?"

- „Alexa, suche Musik von [Interpret]."

- „Alexa, spiele Playlist [...] von [Quelle]."

- „Alexa, spiele die Playlist Beats zur Motivation von Amazon Music."

- „Alexa, spiele [Interpret] auf [Quelle]."

- „Alexa, spiele [Titel] von [Interpret] auf [Quelle]."

- „Alexa, spiele [Musikrichtung] aus dem [Jahr]." – Beispiel: Pop-Musik, 1976

- „Alexa, spiele Songs aus dem [Jahr]."

- „Alexa, spiele die beliebtesten Songs von [Jahr] bis [Jahr]."

- „Alexa, spiele [Interpret] von [Jahr] bis [Jahr]."

- „Alexa, Zufallswiedergabe von [Interpret]."

- „Alexa, ich mag diesen Song." – Hinweis: *Funktioniert ausschließlich unter Prime Music*

- „Alexa, ich mag diesen Song nicht." – Hinweis: *Funktioniert ausschließlich unter Prime Music*

Zudem verfügt Alexa auch über Musikwissen, dass Sie zusätzlich abrufen können.

Hier sind die wichtigsten Sprachbefehle:

- „Alexa, wer ist der Sänger von der [Band]? – Beispiel: Rammstein

- „Alexa, was war das erste Album von [Interpret]? – Beispiel: Deep Purple

Der Nutzer kann auch gezielt nach bestimmten Songs und Interpreten per Sprachbefehl suchen.

Hier sind die wichtigsten Sprachbefehle:

- „Alexa, was gibt es für beliebte Songs von [Interpret]?"

- „Alexa, Hörproben von [Interpret]."

- „Alexa, spiele Hörproben von [Interpret] ab."

- „Alexa, suche [Titel] von [Interpret]."

- „Alexa, suche den Song mit dem [Text]."

- „Alexa, spiele die beliebtesten Songs der Woche."

Darüber hinaus kann jeder Anwender auch Amazon Music Unlimited per Sprachbefehl aktivieren. Sofern noch kein Abonnement vorliegt oder die 30tägige Probemitgliedschaft noch nicht genutzt wurde, wird zunächst automatisch die Probemitgliedschaft eingerichtet.

- „Alexa, starte Amazon Music Unlimited."

Natürlich können auch andere Anbieter, die mit Amazon verknüpft sind, per Sprachbefehl abgerufen werden.

Hier sind die wichtigsten Sprachbefehle:

- „Alexa, spiele [Sender]."

- „Alexa, spiele [Sender] auf TuneIn."

- „Alexa, spiele [Podcast]."

- „Alexa, spiele [Podcast] auf TuneIn."

- „Alexa, spiele [Musikrichtung] von Spotify."

- „Alexa, spiele [Name der Playlist] von Spotify."

- „Alexa, spiele den [Songname] von Spotify."

- „Alexa, spiele Songs von [Interpret] von Spotify."

Das Musikangebot von Amazon lässt sich zudem in eine Vielzahl von Musiksparten unterteilen. So lassen sich verschiedene Stimmungen und Anlässe mit der Wiedergabe von einzelnen Musiktitel verknüpfen.

Hier sind die wichtigsten Sprachbefehle:

Weihnachtliches (entsprechende Musikthemen sind zeitlich begrenzt)

- „Alexa, spiele Musik zum Plätzchenbacken."

- „Alexa, spiele rockige Weihnachtslieder."

- „Alexa, spiele Musik zum Glühweintrinken."

- „Alexa, spiele Musik zu Nikolaus."

Andere Anlässe (entsprechende Musikthemen sind zeitlich begrenzt)

- „Alexa, spiele Musik zu Halloween."

- „Alexa, spiele Musik zu Halloween."

- „Alexa, spiele Musik für den Kindergeburtstag."

- „Alexa, spiele Musik zum Geburtstag."

- „Alexa, spiele Musik zur Hochzeit."

- „Alexa, spiele Musik zu Muttertag."

- „Alexa, spiele Musik zu Vatertag."

- „Alexa, spiele die Playlist Valentinstag von Amazon Music."

- „Alexa, spiele Musik für Wintertage."

- „Alexa, spiele Karnevalsmusik."

- „Alexa, singe mir ein Liebeslied."

- „Alexa, singe ein Geburtstagslied."

Entspannung

- „Alexa, spiele Musik zum Einschlafen."

- „Alexa, spiele Musik zum Entspannen."

- „Alexa, spiele klassische Musik zum Entspannen."

- „Alexa, spiele Musik zum Kuscheln."

- „Alexa, spiele Musik zum Frühstücken."

- „Alexa, spiele entspannende Hintergrundmusik."

- „Alexa, spiele Après Ski-Musik."

Aktivitäten

- „Alexa, spiele Musik zum Aufstehen."

- „Alexa, spiele Musik zum Aufwachen."

- „Alexa, spiele Musik zum Frühstücken."

- „Alexa, spiele Musik für die Arbeit."

- „Alexa, spiele Musik fürs Workout."

- „Alexa, spiele Workout Beats."

- „Alexa, spiele langsame Musik."

- „Alexa, spiele Musik zum Tanzen."

- „Alexa, spiele Musik zum Candle Light Dinner."

- „Alexa, spiele Musik zum Lernen."

- „Alexa, spiele schnelle Musik."

- „Alexa, spiele Gute-Laune-Musik."

Musikrichtungen (alphabetische Sortierung)

- „Alexa, spiele afrikanische Musik."

- „Alexa, spiele arabische Musik."

- „Alexa, spiele Bebop."

- „Alexa, spiele Blues."

- „Alexa, spiele Bollywood."

- „Alexa, spiele Chillout."

- „Alexa, spiele Country Musik."

- „Alexa, spiele Dance-Musik."

- „Alexa, spiele deutsche Musik."

- „Alexa, spiele Dub."

- „Alexa, spiele Easy Listening."

- „Alexa, spiele Funk."

- „Alexa, spiele Hardrock."

- „Alexa, spiele Heavy Metal."

- „Alexa, spiele Hip-Hop."

- „Alexa, spiele House."

- „Alexa, spiele entspannten Jazz."

- „Alexa, spiele langsamen Jazz."

- „Alexa, spiele Musik für Kinder."

- „Alexa, spiele fröhliche Kindermusik."

- „Alexa, spiele klassische Musik."

- „Alexa, spiele Oldies."

- „Alexa, spiele Pop."

- „Alexa, spiele Pop aus den [Zeiten]" – Beispiel: 80ern

- „Alexa, spiele Rock aus den [Zeiten]." – Beispiel: 90ern

- „Alexa, spiele Punk."

- „Alexa, spiele Reggae."

- „Alexa, spiele Rockabilly."

- „Alexa, spiele Rockmusik."

- „Alexa, spiele Salsa."

- „Alexa, spiele Ska."

- „Alexa, spiele Soft Rock."

- „Alexa, Swing."

- „Alexa, spiele Tango."

- „Alexa, spiele Techno."

- „Alexa, spiele Volkmusik."

- „Alexa, spiele der [Zeit]." – Beispiele: 20ziger Jahre, 80ziger Jahre.

Sonstiges

- „Alexa, spiele die Entdeckung der Woche."

Amazon präsentiert Skill Blueprints

Amazon arbeitet weiter an der Individualisierung von Alexa. Die neueste Funktion in diesem Zusammenhang sind sogenannte Blueprints. Damit lassen sich eigene persönliche Antworten für Alexa erzeugen. Dazu gibt es mehrere Vorlagen, die nur noch mit Inhalten gefüllt werden müssen. So entsteht in kürzester Zeit eine personalisierte Sprachanwendung mit Alexa, die nur für den persönlichen Hausgebrauch bestimmt ist.

Abb.: Die aktuellen Blueprints (Quelle: Amazon)

Die neue Funktion unter der Bezeichnung Skill Blueprints ist ab sofort auf allen Alexa-fähigen Geräten verfügbar, die mit dem eigenen Amazon Konto verbunden sind. Die so erzeugten Skills erscheinen nicht im Alexa Skills Store, sondern sind tatsächlich nur für die eigenen vier Wände bestimmt. Allerdings können die so individuell erzeugten

Skills mit Nutzern geteilt werden, die einem bekannt sind. Am Anfang stehen die beliebtesten Skills unter *Favorit*.

Dann folgt der Bereich „At Home":

- **Babysitter**: Dieser Skill präsentiert nützliche Tipps und Hinweise für den Babysitter.

Natürlich dürfen Vorlagen speziell für Grüße und Glückwünsche nicht fehlen:

- **Mein Schatz**: Hier gibt es die passende Vorlage zum Valentinstag.

- **Meine Glückwünsche**: Wie wäre es mit einer persönlichen Grußkarte mit einer gesprochenen Botschaft (bis zu 90 Sekunden).

- **Frohe Weihnachten**: Erstellen Sie eine interaktive Weihnachtsgeschichte mit Ihren Kindern als Hauptdarstellern (zeitlich begrenzt verfügbar).

Folgende Vorlagen sind aktuell verfügbar, die für den persönlichen Spaß zuständig sind:

- **Countdown**: Nennen Sie ein beliebiges Datum und Alexa zählt die Tage herunter.

- **Zufallsauswahl**: Sie können sich nicht entscheiden? Dann übernimmt Alexa die Entscheidung für den Anwender.

- **Rätselspaß**: Erstellen Sie ein Multiple-Choice-Quiz zu einem beliebigen Thema.

- **Inspirator**: Sammeln Sie Ihre Lieblingszitate, die Sie motivieren und Ihnen ein Lächeln ins Gesicht zaubern.

- **Meine Geschichte**: Gestalten Sie eine Abenteuergeschichte, in der Ihr Kind der Held oder die Heldin ist.

- **Spottlust**: Geben Sie es Ihren Freunden und Verwandten mal so richtig – natürlich mit einem Augenzwinkern.

- **Mein Ego Booster**: Machen Sie Ihren Liebsten mit persönlichen Komplimenten eine Freude.

- **Familienwitze**: Hier lässt sich eine Liste mit den eigenen Lieblingswitzen erstellen.

Selbstverständlich gibt es auch spezielle Vorlagen für das häusliche Umfeld (Zuhause):

- **Meine Liste**: Erstellen und verwalten Sie individuelle Listen für den eigenen Gebrauch.

- **Wer ist dran**? Es gibt eine Aufgabe zu erledigen? Lassen Sie einfach Alexa auswählen, wer dran ist! Ideen: Müll rausbringen, Auto waschen, Rasen mähen.

- **Hausarbeitsplan**: Ersten Sie einen Plan der wöchentlichen Aufgaben im Haushalt.

- **Komplize**: Alexa hat immer eine hilfreiche oder lustige Antwort für Sie auf Lager.

- **Frage & Antwort**: Definieren Sie die Fragen und Antworten. So merkt Alexa sich wichtige Informationen für Sie.

- **Karteikarten**: Sie können jedes gewünschte Thema ganz bequem mit Sprachführung lernen und dann testen, ob Sie das Gelernte auch behalten haben.

- **Hausgast**: Begrüßen Sie Ihre Gäste mit einem persönlichen Guide für Ihr Zuhause und Ihre Nachbarschaft.

Insgesamt bietet Amazon ein wirklich mächtiges Werkzeug an, dass für viele verschiedene Aufgaben einsetzbar ist. Zudem sorgen die Spaß-Skills bei der nächsten Party für viel Unterhaltung. Doch wirklich interessant sind sprachgesteuerte Helfer, die für unter- schiedliche Aufgaben in Frage kommen. Hier einige Ideen:

- Die nächsten Termine für die Müllabfuhr

- Individuelle Rufnummern

- Eigene Kochrezepte auf Abruf

- Aufgaben, die noch erledigt werden müssen

- Wichtige Zahlenkombinationen, die man immer vergisst

- Ein individueller Vokabeltrainer

- Eine interaktive Lernhilfe

- Grußbotschaften zu jeder Gelegenheit

Die Installation von individuellen Blueprints

Die Installation ist denkbar einfach. Amazon hat dazu eine eigene Webseite unter **https://blueprints.amazon.de** eingerichtet. Hier sind die vorgestellten Vorlagen aufgelistet. Zu den einzelnen Vorlagen gibt es noch zusätzliche Anregungen. Für den ersten Start gibt es ein nettes Video, dass alle relevanten Schritte vorstellt. Jede Vorlage beinhaltet bereits die notwendigen Arbeitsschritte. Anschließend müssen nur noch die vorhandenen Lücken durch individuelle Eingaben gefüllt werden. Eine entsprechende Begrüßung und Verabschiedung innerhalb des Skills lassen sich ebenfalls editieren. Spezielle Programmierkenntnisse sind bei der Erstellung von eigenen Skills nicht notwendig.

Abschließend müssen Sie nur noch einen einprägsamen Namen vergeben, um den so erstellten Skill im eigenen Haushalt aufzurufen. Hier sollten Sie eine kurze und einfache Bezeichnung vergeben, schließen wird darüber dann der Skill über ein Sprachkommando aufgerufen.

Haben Sie alle Eingaben vorgenommen, muss der Skill nur noch abgespeichert werden. Die gewünschten Sprachbefehle sind bereits nach wenigen Augenblicken auf allen Alexa-Geräten in ihrem Haushalt verfügbar, die über Ihr Alexa-Konto angemeldet sind. Erfreulicherweise lassen sich bereits erstellte Skills auch nachträglich ergänzen und bearbeiten.

Xbox mit Alexa verknüpfen

Bereits seit längerer Zeit können Xbox-Anwender in den USA ihre Konsole mit Alexa verknüpfen. Nun kommen auch deutsche Anwender in den Genuss der Verbindung. Mit dem aktuellen Update für Juli 2019 ist auch die Amazon Anbindung an Board. Parallel dazu wurde auch der Xbox-Skill für Alexa freigeschaltet. Damit kann die eigene Xbox Konsole per Alexa Sprachbefehl gesteuert werden. Erfreulicherweise haben die Macher gleich eine größere Anzahl von Befehlen spendiert.

Voraussetzung für das Zusammenspiel der beiden Systeme ist zunächst das Einspielen des aktuellen Updates unter der Xbox. Je nach Einstellung geschieht dies automatisch oder muss manuell angestoßen werden. Insgesamt müssen rund 500 Mbyte eingespielt werden. Anschließend muss der neue Xbox Skill im Amazon System aktiviert und eine Verknüpfung zwischen beiden Welten hergestellt werden.

Der Xbox Skill kann über die Webseite von Amazon, über die Alexa-Seite oder über die Alexa-App gestartet werden. Dann fehlt nur noch die Verknüpfung. Hierzu muss der Anwender die Zugangsdaten zu seinem Microsoft-Konto (Xbox) zur Hand haben. Wurden alle Eingaben korrekt vorgenommen, kann nun die Xbox von jedem Alexa-gesteuerten Gerät per Sprachbefehl gesteuert werden.

Interessanterweise startet der Xbox Skill mit einer Fülle an Sprachbefehlen. Auf diesem Weg lassen sich fast alle Funktionen der Xbox mit der eigenen Sprache steuern. Zudem können Infos zum Inhalt des Game Passes, zu

Aktivitäten von Freunden unter Xbox Live oder es kann ein neuer Controller angebunden werden.

Wer mehrere Konsolen von Microsoft im Haus hat, kann einfach verschiedene Namen für die einzelnen Geräte unter der Alexa-App vergeben. Anschließend können so auch mehrere Konsolen per Sprachbefehl verwaltet werden.

Hinweis: Standardmäßig wird der Name der eigenen Konsole als Xbox bezeichnet. Der Name kann natürlich jederzeit geändert werden. Zum Aufruf des geeigneten Befehls kann wahlweise *„sag Xbox"* oder *„frag Xbox"* genutzt werden.

Viele Befehle stehen zur Verfügung

Hier ist eine Auswahl der wichtigsten Sprachbefehle:

- „Alexa, sag Xbox einschalten.". Hinweis: *Aktivieren Sie dazu die Funktion „Schnelles Hochfahren" bei der Konsole*.

- „Alexa, sag Xbox abschalten."

- „Alexa, sag Xbox neu starten."

- „Alexa, frage Xbox was ich sagen kann." Hinweis: *Übersicht über Sprachbefehle.*

Befehle zum Steuern von Medien:

- „Alexa, sag Xbox [Name des Spiels] einschalten." Hinweis: *Die Konsole wird gestartet und das Spiel wird geladen.*

- „Alexa sag Xbox anhalten." Hinweis: *Sofern ein Video abgespielt wird.*

- „Alexa sag Xbox fortsetzen." Hinweis: Wenn ein laufendes Video pausiert.

- „Alexa sag Xbox abspielen."

- „Alexa sag Xbox beenden."

- „Alexa sag Xbox [Name des Spiels] starten."

- „Alexa sag Xbox eine Party starten."

- „Alexa sag Xbox aufzeichnen."

- „Alexa sag Xbox Lautstärke erhöhen."

- „Alexa sag Xbox Ton ein."

- „Alexa sag Xbox Lautstärke erhöhen um 5."

- „Alexa sag Xbox Lautstärke senken."

- „Alexa sag Xbox stumm schalten."

Weitere interessante Befehle:

- „Alexa, sag Xbox Navigationsmodus starten. "

- „Alexa, sag Xbox Zur Startseite."

- „Alexa, sag Xbox Nachricht senden an [Mitspieler].

Neue Sprachbefehle notieren

Weitere Titel und Angebote

An dieser Stelle haben wir einige Produkte zusammengestellt, die andere Käufer ebenfalls für interessant hielten.

Amazon Echo 2019 – der inoffizielle Ratgeber: Die besten Tipps zu ihrem Sprachassistenten. Alexa, Echo, Echo Dot, Skills und Smart Home

Ein Sprachassistent, der fast jedes Sprachkommando verarbeitet, sich einer künstlichen Intelligenz bedient und stetig erweitert werden kann, kannte man bisher nur aus Science-Fiction Filmen. Mit Alexa hat Amazon diesen Traum zur Marktreife gebracht. Alexa als übergreifendes System, dass cloudbasiert und geräteunabhängig funktioniert, damit ist Amazon ein echter „Wurf" gelungen.

Mit der Kombination aus der Sprachsoftware Alexa und dem Lautsprecher Echo präsentiert Amazon erstmals eine autarke Lösung, die unabhängig von einem Computer funktioniert. Mit dieser Verknüpfung hat das Unternehmen die Messlatte für die Konkurrenz deutlich höher gelegt. Zumal Alexa bereits nach kurzer Markteinführung erstaunliche Ergebnisse abliefert. Hier ist der dazu passende Ratgeber.

Amazon Echo 2019 – der inoffizielle Ratgeber: Die besten Tipps zu ihrem Sprachassistenten. Alexa, Echo, Echo Dot, Skills und Smart Home

ASIN (eBook): **B07L3ZQD1C**
Hinweis: Jetzt auch als Taschenbuch ISBN: **1791735002**

Fire TV Stick 4K – der inoffizielle Ratgeber: Die besten Tricks beim Streaming: Installation, Alexa, Apps, Musik, Games. Inkl. 333 Alexa-Kommandos

Mit dem neuen Fire TV Stick 4K ist Amazon ein echter Wurf gelungen. Zu einem wirklich günstigen Preis bietet der Streaming-Stick beste Qualität beim Streaming. Im Vergleich zum Vorgängermodell legt der neue Stick deutlich bei der Leistung zu und muss den Vergleich mit vergleichbaren Lösungen nicht scheuen. Erstmals bietet ein mobiler Stick somit Filme und Serien in bester Ultra HD-Qualität (4K). Zudem werden High Dynamic Range (HDR), Dolby Vision und Dolby Atmos unterstützt.

ASIN (ebook): **B07KRSFGG2**
Hinweis: Jetzt auch als Taschenbuch ISBN: **1790860807**

Die 555 wichtigsten Alexa Sprachbefehle: Die zentralen Anweisungen für den Sprachassistenten – Intelligenz aus der Cloud

Kennen Sie wirklich alle Sprachbefehle von Alexa? Hier gibt es die ultimative Übersicht! Was zunächst nur aus purer Neugier begann, endete nun in dieser umfangreichen Auflistung der wichtigsten Sprachbefehle. Zumal der Befehlssatz des virtuellen Helfers aktuell bereits einen beachtlichen Umfang angenommen hat. Es ist daher nicht immer einfach, die passenden Worte zu finden. Entsprechend ist es durchaus hilfreich, die wichtigsten Sprachbefehle nachzuschlagen!

ASIN (eBook) : **B076MKNDBB**
Hinweis: Jetzt auch als Taschenbuch ISBN: **1973548011**

Smart Home mit Alexa: Steuern Sie ihr Smart Home mit Ihrer Stimme. Alexa sorgt für ein intelligentes Heim

In vielen Medien stößt man auf den Begriff Smart Home. Doch was steckt hinter diesem Modebegriff? Wir verstehen darunter das sprachgestützte Steuern von Prozessen im heimischen Umfeld. So lassen sich heute Lichtquellen schalten, die Temperaturen in den eigenen vier Wänden steuern oder der Wohnraum überwachen. Natürlich gehört dazu auch die Steuerung von einem multimedialen Erlebnis aus Musik, Video und Licht.

Dabei ist es nicht immer einfach für den normalen Anwender, sich eine Smart Home Lösung auf der Basis von Alexa aufzubauen. Eine übergreifende Dokumentation gibt es nicht. An dieser Stelle soll das vorliegende Buch einen praxisnahen Leitfaden bieten.

ASIN (eBook): **B077TP4GCN**

Die 99 besten Alexa Skills: Die besten Erweiterungen für die Kommunikation mit Alexa – Wissen aus der Cloud

Amazons Alexa scheint aktuell das Maß aller Dinge zu sein, wenn es um einen sprachgesteuerten Assistenten geht. Dabei weist das System bereits zum jetzigen Zeitraum eine Fülle an Sprachbefehlen auf, die unterschiedlichste Themenbereiche abdecken. Dabei ist die Sprachfähigkeit von Alexa wirklich überzeugend. Bereits bei Lieferung zeigt Alexa auf den unterstützten Geräten beachtliche Ergebnisse.

Doch der Sprachassistent geht noch einen Schritt weiter. Um die vielfältigen Möglichkeiten von Alexa weiter auszuschöpfen, haben die Macher Alexa als offenes System konzipiert. Jeder Programmierer, der sich dazu befähigt sieht, kann über eine frei zugängliche Schnittstelle eigene Anwendungen für Alexa entwickeln und diese unter Amazon veröffentlichen. Das Ergebnis sind sogenannte Skills. Die hier vorgestellten Skills sind die eigentlichen Highlights bei Amazon und sollten auf jedem Alexa-Account zu finden sein. Natürlich ist dies eine rein subjektive Einschätzung der vorgestellten Skills. Dennoch bietet diese Sammlung von Skills zumindest einen ersten Anhaltspunkt für die persönliche Erweiterung von Alexa.

Die 99 besten Alexa Skills: Die besten Erweiterungen für die Kommunikation mit Alexa – Wissen aus der Cloud

ASIN (eBook): **B07P9VR15S**

Die 444 besten Easter Eggs von Alexa: Lustigste und tiefsinnige Antworten des Sprachassistenten – Humor aus der Cloud

Was haben eigentlich *Easter Eggs* (Ostereier) mit Alexa zu tun? Ähnlich wie bei Ostereiern, sind auch digitale Easter Eggs (lustige Gags, lustige Bemerkungen, witzige Zitate) im Inneren eines Systems versteckt. Man muss Sie suchen und entdecken. Jeder Anwender kennt sie von Google oder aus den unterschiedlichsten Computerprogrammen. Bei Alexa gibt es nur eine witzige Antwort zu entdecken.

Dabei ist es äußerst erstaunlich, mit wie viel Humor und Tiefgründigkeit der intelligente Sprachassistent daherkommt. Immer wieder stolpert der Anwender über durchaus witzige Antworten. Es ist es wirklich bemerkenswert, wie die Macher dem virtuellen Sprachassistenten so viel Menschliches einhauchen konnten. Auch wenn der Titel keinen tieferen Sinn verspürt, so macht es doch sehr viel Spaß, die Fähigkeiten und die damit verbundene Schlagfähigkeit des Sprachsystems zu ergründen.

Die 444 besten Easter Eggs von Alexa: Lustigste und tiefsinnige Antworten des Sprachassistenten – Humor aus der Cloud

ASIN (eBook): **B07583GZVV**
Hinweis: Jetzt auch als Taschenbuch – ISBN **197347848X**

Virtual Reality - die digitale Welt wird zur Wirklichkeit: Augmented Reality, VR-Brillen, Cardboards, Cyberspace

Lange Jahre erschien Virtual Reality nur als ein Hirngespinst. Entsprechende Lösungen konnte der staunende Fan meist nur auf Messen bewundern. Dahinter steckt eine für den normalen Anwender nicht zu bezahlende Technik. Doch nun scheint VR auch für den Hausgebrauch Wirklichkeit zu werden.

Angefangen bei der Unterhaltung, über medizinische Lösungen bis hin zum Thema Cybersex haben die kommenden Lösungen das Zeug dazu, eine neuartige Mensch-Maschine-Schnittstelle zu schaffen.

Virtual Reality - die digitale Welt wird zur Wirklichkeit: Augmented Reality, VR-Brillen, Cardboards, Cyberspace

ASIN (eBook): **B01DCRG4K2**

Wie hat Ihnen dieses Buch gefallen?

Unser kleines Team von Spezialisten ist bereits seit 1993 als Redaktionsbüro für die unterschiedlichsten Medien tätig. Bereits zu Beginn der Arbeit gehörte die Veröffentlichung von diversen Fachbüchern dazu.

Daher werden wir diesen Titel weiterhin pflegen und erweitern. Wir freuen uns über Ihre Meinung. Schreiben Sie uns an ebookguide@t-online.de oder an ebook@ebookblog.de mit dem Betreff *„Spaß und Unterhaltung mit Alexa"*.

Unser Tipp: Beachten Sie bitte unseren Update-Service für diesen Titel!

Hinweis in eigener Sache, Rechtliches, Impressum

Der vorliegende Titel wurde mit großer Sorgfalt erstellt. Dennoch können Fehler nicht vollkommen ausgeschlossen werden. Der Autor und das Team von www.ebookguide.de übernehmen daher keine juristische Verantwortung und keinerlei Haftung für Schäden, die aus der Benutzung dieses E-Books oder Teilen davon entstehen. Insbesondere sind der Autor und das Team von www.ebookguide.de nicht verpflichtet, Folge- oder mittelbare Schäden zu ersetzen.

Gewerbliche Kennzeichen- und Schutzrechte bleiben von diesem Titel unberührt.

Das Werk einschließlich aller Teile ist urheberrechtlich geschützt. Alle Rechte, auch die der Übersetzung, des Nachdrucks und der Vervielfältigung dieses Titels oder von Teilen daraus, verbleiben bei der W. LINDO Marketingberatung (Redaktionsbüro Lindo). Ohne die schriftliche Einwilligung der W. LINDO Marketingberatung (Redaktionsbüro Lindo) darf kein Teil dieses Dokumentes in irgendeiner Form oder auf irgendeine elektronische oder mechanische Weise für irgendeinen Zweck vervielfältigt werden.

Das vorliegende E-Book ist ausschließlich für die eigene, private Verwendung bestimmt.

Cover-Foto: © folienfeuer- Fotolia.com / Amazon

Facebook, Twitter und andere Markennamen, Warenzeichen, die in diesem E-Book verwendet werden, sind Eigentum Ihrer rechtmäßigen Eigentümer. Alle Warennamen werden ohne Gewährleistung der freien Verwendbarkeit benutzt und sind möglicherweise eingetragene Warenzeichen. Der Verlag richtet sich im Wesentlichen nach den Schreibweisen der Hersteller.

Vielen Dank

Wilfred Lindo

Internet: http://www.streamingz.de

Twitter: http://www.twitter.com/ebookguide

Facebook: https://www.facebook.com/streamingz.de

NEU: Die Seite zu smarten Lösungen: www.smartwatchz.de

Herausgegeben von:

ebookblog.de / ebookguide.de

Redaktionsbüro Lindo

Dipl. Kom. Wilfred Lindo

12349 Berlin

E-Book-Produktion und -Distribution

Redaktionsbüro Lindo

Scan mich! Weitere Ratgeber, die ebenfalls für Sie interessant sind!

Aktuelles zum Titel

Eine Besonderheit dieses eBooks ist die regelmäßige Weiterentwicklung. Mit neuen Updates bei den verschiedenen Plattformen kommen auch neue Funktionen und Anwendungen auf Sie zu. Daher erhalten Sie in regelmäßigen Abständen zu diesem Buchtitel ebenfalls entsprechende Updates.

Dabei existieren einige Grundvoraussetzungen, um stets in den Genuss der aktuellsten Version des vorliegenden eBooks zu kommen. Diese Bedingungen sind allerdings bei jeder Angebotsplattform verschieden:

Amazon: Über die sogenannte *Buchaktualisierung* lassen sich Updates, die der betreffende Autor von seinem Titel eingespielt hat, automatisch über das Kindle-System einspielen. Um in den Genuss dieses Updates zu kommen, müssen Sie allerdings über Ihr Kindle-Konto die *Buchaktualisierung* einschalten. Sie ist standardmäßig nicht aktiv.

Webseite: Wir informieren Sie über unsere Webseite über aktuelle Updates unserer Titel.

Update-Service

Beachten Sie bitte unseren **Update-Service** für diesen Titel! Scan mich!

Bildnachweis

Bilder, die nicht gesondert aufgeführt werden, unterliegen dem Copyright des Autors.

Historie

Aktuelle Version 1.2